M.ª Victoria Romero Gualda

El español en los medios de comunicación

ARCO/LIBROS,S.L.

CUADERNOS DE
Lengua Española
Dirección: L. Gómez Torrego

1.ª edición, 1993.
2.ª edición, 1994.

© by Arco Libros, S. L., 1994
Juan Bautista de Toledo, 28. 28002 Madrid
ISBN: 84-7635-128-3
Depósito legal: M-25765-1994
Printed in Spain - Impreso por Grafur, S. A. (Madrid)

A RONALD

ÍNDICE

INTRODUCCIÓN

Sin intención de que sirva de acotación definitiva, es necesario establecer una oposición entre dos denominaciones muy frecuentes y repetidas entre todos los interesados por la variedad de lengua a la que vamos a dedicar las siguientes páginas: *Lenguaje periodístico / Español en los medios de comunicación.*

Hay que afirmar que la primera es abarcadora de la segunda y más amplia; en ella aparece el adjetivo relacionado con *periodismo, periódico* y *periodista,* es decir, es el lenguaje propio, usado o creado por los periodistas, aparecido en los periódicos y en otros medios de comunicación, que contribuye a que el periodismo sea una actividad profesional caracterizable por su actuación lingüística diferenciada. Aun con la brevedad y la sencillez pretendida en este trabajo, quiero insistir en esta definición aproximada, ya que el sintagma *lenguaje periodístico* es lo suficientemente amplio como para que con él podamos referirnos tanto a las columnas de Francisco Umbral —caracterizadas y caracterizables como texto literario— como a un despacho de agencia reelaborado en la redacción. Sería preciso ahondar más en una caracterización, la cual no es pertinente hacer aquí. Con la segunda denominación, *"Español en...",* nos referimos a una "técnica histórica del lenguaje", en el sentido que habla Coseriu para referirse a una lengua concreta. Estudiaremos, pues, la lengua española, tal como se produce en los que llamamos *medios de comunicación colectiva* o *"medios de"* comunicación *social* para traducir el sintagma *mass communication "media",* a sabiendas de que muchos otros autores prefieren el de *medios de comunicación de masas* o aceptan sin tapujos el de *mass-media;* en cualquier caso nos referimos, con Martínez Albertos, a las "modernas técnicas de difusión colectiva".

No se trata en ningún caso de una variedad marginal del español; su consideración de "lenguaje sectorial", es decir, aquel perteneciente a un sector de población —profesional o no— plantea la relación de estos "lenguajes" con la lengua común. De todas esas variedades lingüísticas no hay duda de que es la periodística la que más influye en el hablante común; en nuestro caso, en la actuación lingüística de los hablantes españoles. Otros, definidos asimismo como "lenguajes sectoriales" (el económico, el de la ciencia y la técnica, el político o el de la publicidad) podrían entenderse en algunos aspectos incluidos en el periodístico, puesto que contenidos económicos, científicos y técnicos, políticos o publicitarios han de encontrar formas de expresión en el medio periodístico.

Se hace necesaria una precisión más: al hablar del español en los medios de comunicación hay que tener en cuenta no sólo los medios escritos —diarios y revistas— sino también el radiofónico y el audiovisual. Es evidente que sus características particulares mediatizan la actividad idiomática: en los medios escritos el receptor lee y la comunicación es mediata frente a la inmediatez comunicativa producida por la radio que se oye y por la televisión que se oye y se ve. Esto, tan fácil de decir, plantea problemas a quienes trabajan en los distintos medios, pues nada más equivocado que pensar que lo escrito para un diario puede ser "transcrito" para las ondas radiofónicas, en las que se cuenta con sólo el oído para la comprensión del mensaje, o ser transmitido con el apoyo de las imágenes en el medio televisual.

La elaboración de textos con destino a las emisiones radiofónicas o de televisión —especialmente a las que podemos denominar informativas— presentan bastantes problemas que deben estudiar con interés los profesionales de los medios ya que, si en cualquier texto ha de buscarse la claridad, en estos medios de comunicación es absolutamente imprescindible y deben unirse a ella la precisión y la sencillez, pues debemos tener en cuenta que en estos medios el receptor no puede volver a leer, a escuchar lo dicho para entenderlo correctamente.

Podemos, para simplificar esta división, hablar de medios escritos y orales y afirmar algo fácil de comprobar para cualquiera que analice someramente el uso del español en los medios de comunicación: presentan diferencias destacables derivadas de su propia naturaleza, y su capacidad de influir en los modos de hablar de los hispanohablantes es también diversa. El periódico impreso, como texto escrito que es, exige cierto nivel cultural y no llega a todos los lugares; por el contrario, la rapidez de difusión de lo emitido por televisión es incomparablemente mayor. La radio, sobre todo, se ha convertido desde hace años en un medio perfecto de nivelación y de normalización; ambos medios, televisión y radio, se ven y se escuchan en pueblos alejados, de otras manifestaciones culturales y de civilización, cubren todo el ámbito hispánico tanto en lo geográfico como en lo sociocultural.

Por todo lo visto, no hay duda de que el estudio del español en los medios de comunicación ofrece gran interés para todos, muy especialmente para aquellos estudiantes que se sienten atraídos por el mundo de la información y de la comunicación. Los estudiantes de Periodismo y los ya periodistas sienten gran interés por el lenguaje, como dice B. M. Hernando en su libro, *Lenguaje de la prensa*: "...la raíz de nuestra profesión periodística es el amor a la lengua, el combate amoroso con el lenguaje, la necesidad de expresión..." (pág. 11).

Para aquellos que quieren hacer su trabajo profesional de la información, y/o de la comunicación, el lenguaje es instrumento radicalmente importante, conforma su tarea diaria. Hay que apuntar, sin embargo, que aunque afirmemos el lenguaje como instrumento definitorio de la tarea informativa, esto no le confiere carácter de herramienta, susceptible de puro estudio tecnológico con el que se aprende a usar lo que ya está hecho, sino que el periodista ha de conocer su lengua tan profundamente como pueda para emplearla enriqueciéndola. Por ello conviene distinguir en la actuación lingüística del informador lo que se conoce como *empleo* y *uso* del lenguaje.

El *empleo* del lenguaje es el aspecto de la actuación lingüística indicador de la capacidad del hablante de servirse del código para comunicar con eficacia; es algo más que el *uso* —que se refiere más a servirse de lo ya hecho y se relacionaría más con la idea de la lengua como producto que como actividad— y no se dirige fundamentalmente a aspectos normativos sino que atiende con preferencia a lo que en el lenguaje crea significación.

Se decía en los manuales clásicos que, para el periodista, la noticia era su objetivo, y su obligación transmitirla fidedignamente. Esa transmisión fidedigna se entiende en muchas ocasiones como transcripción literal de lo dicho por otros; se configura entonces el informador como un mero transmisor aséptico con lo cual, según opinión también superada, se aseguraba mayor objetividad en la información. Aun en el caso hipotético de que ese tipo "aséptico" de transmisión pudiera darse, habría que poner en tela de juicio la profesionalidad del periodista que actuara así. Roza con esta cuestión la división entre los llamados géneros informativos y los de opinión. Esta división puede mantenerse si se acepta que no es una dicotomía tajante, que hay excesivas zonas limítrofes para que la separación sea nítida y que, en ocasiones, únicamente los rasgos lingüísticos permiten adscribir un texto a uno u otro género. Con lo cual vuelve a aparecer el lenguaje como conformador decisivo de la tarea profesional.

Conviene recordar, por último, a propósito de esta relación profesional con el lenguaje, la consideración de "hablantes de calidad" que hace muchos años les asignara B. Quemada junto a los traductores y a los divulgadores de cualquier especialidad. Los periodistas, los informadores por cualquier medio de comunicación, son difusores y propiciadores de usos lingüísticos, usos que no han de considerarse siempre con prevención como si representaran exclusivamente lo erróneo, lo inculto o lo pedante. El profesor Seco, que presta siempre atención a estos problemas, ha dicho que *en todo uso que el periodista hace del idioma está ejerciendo de maestro*. Los periodistas tienen la responsabilidad de usar bien el idioma, aunque son muchos, y no sólo en el ámbito del español, los que no cumplen con este deber, pero es tarea de otros muchos no dejarlo todo en sus manos, y aunque hoy la presión de la familia o de la escuela sea infinitamente menor respecto al uso de la lengua, ni la una ni la otra pueden desentenderse de estos problemas.

Hay que acercarse, pues, a esa modalidad de lengua sin prejuicios, examinarla para sacar de ella lo mejor que tenga e intentar que los que la crean y emplean a diario la cuiden, de forma que contribuyan a que el sistema común —el español— sirva mejor a todos los hablantes.

No es cuestión menor afirmar que en ese servicio al hablante existen aspectos que no podemos juzgar como "formales". Desde la manipulación de fuentes —la ocultación de datos o acudir a lo no pertinente para la información recta— hasta la icónica —relegar a lugar de difícil lectura o emplear tipografía menor— las posibilidades de lesionar o disminuir el derecho del receptor a la información veraz son múltiples. Tenemos presente la dimensión ética en el uso del lenguaje y no se nos oculta la existencia de formas mendaces en la lengua de los medios de comunicación; a veces se considera problema estilístico o incorrección idiomática lo que supone un uso injusto del lenguaje, es decir, formas de expresión que conducen a interpretaciones falsas, mentirosas, de la realidad.

Evidentemente, puede decirse que en los medios de comunicación no actúan únicamente periodistas, escriben y, sobre todo, hablan muchas personas que nada o poco tienen que ver con la profesión informativa y cuyos errores o modos lingüísticos se difunden de igual manera. No nos referiremos a ellos aunque algunos de los ejemplos orales pertenezcan a esos hablantes no especializados.

A todo esto dedicamos las páginas siguientes dirigidas especialmente a los estudiantes citados; esperamos sirvan también a los profesores de Lengua Española que desean no dejar de lado en sus explicaciones ninguna parcela de nuestro sistema lingüístico, sabedores de que en todas ellas hay riquezas que contribuirán a que el alumno conozca mejor la comunidad en la que vive; conviene recordar a este propósito que si antes decíamos que los medios de comunicación ejercen como maestros, los docentes por profesión no pueden minusvalorar su propia importancia en la adquisición de buenos hábitos idiomáticos por parte de los estudiantes y que, sobre todo, en la etapa escolar sus modos de hablar deben ser ejemplares para el alumno.

El corpus de ejemplos va desde 1975 a 1993 y procede de las siguientes publicaciones de alcance nacional o regional:

ABC: diario ilustrado de información general (Madrid). *Blanco y Negro*: revista ilustrada; suplemento de *ABC* (Madrid). *Diario de Las Palmas*: diario (Gran Canaria). *Diario de Mallorca*: diario (Palma de Mallorca). *Diario de Navarra*: diario (Pamplona). *El Comercio*: diario de información (Gijón). *El Mundo* del siglo veintiuno: diario (Madrid). *El País*: diario independiente de la mañana (Madrid). *Época*: revista (Madrid). *La Vanguardia*: diario (Barcelona). *La Verdad*: diario (Alicante). *Marca*: diario nacional de los deportes (Madrid). *Navarra Hoy*: diario (Pamplona). *Suplemento Semanal*: suplemento dominical (Madrid). *Sur*: diario (Málaga).

Ocasionalmente se presenta algún ejemplo anterior a 1975. Son los únicos casos en los que se indica su procedencia concreta; pertenecen a los siguientes diarios: *Correo Español*: diario tradicionalista (Madrid). *El Debate*: diario (Madrid). *El Socialista*: órgano del Partido Obrero (Madrid). *La España* (Madrid).

Los ejemplos orales se han elegido aleatoriamente de emisiones de la COPE (Cadena de Ondas Populares de España), RNE (Radio Nacional de España) y la SER (Sociedad Española de Radiodifusión). Su procedencia se señala con (0).

Capítulo I

CARACTERÍSTICAS GENERALES DEL LENGUAJE PERIODÍSTICO

Aceptando, como punto de partida, la definición del profesor Martínez Albertos que acota como lenguaje periodístico el empleado en producir mensajes periodísticos, aquel que podemos analizar examinando dichos mensajes en los distintos medios en los que se da, debe afirmarse, en primer lugar, su *heterogeneidad*. Ya se le considere estilo, registro o lenguaje sectorial, veremos que cuenta con signos pertenecientes a códigos distintos, que sufre varias contaminaciones limitadoras y conformadoras, que en él no se da tan sólo un registro idiomático ya que podemos encontrar desde el más culto al coloquial y, por último, que es asimismo, fundamentalmente, un modo híbrido de contruir textos: en el lenguaje periodístico pueden mezclarse la enunciación histórica propia de la transmisión de hechos y la enunciación discursiva característica de la expresión de opinión sobre esos hechos, pueden aparecer formas narrativas entrelazadas con fórmulas descriptivas. Esta última heterogeneidad de "escritura" es la que hace de los modos periodísticos algo difícilmente clasificable, atractivo para la investigación y poco sujeto a lo preestablecido, lo cual no quiere decir que en este tipo de lenguaje valga todo y que en él no podamos encontrar rasgos canónicos que contribuyan a que dicha "escritura" cumpla su finalidad y su razón de ser: informar al receptor, ayudarle en la búsqueda de las verdades contingentes sobre las cuales versan los textos, en palabras de los especialistas, "satisfacer su derecho a la información".

A continuación explicitaremos, brevemente, algunas de esas características:

1.1. Heterogeneidad de códigos

Los códigos empleados en el periodismo escrito son: el *lingüístico,* que presenta una secuencia lineal y cuya descodificación se efectúa como la de cualquier escrito, el *paralingüístico,* que se lee lineal y no linealmente, y el *icónico,* que no se lee linealmente.

Los signos del primero son los propios del idioma español; los del segundo, son los propios de la tipografía; los del tercero, son imágenes y todo aquello que contribuya a la organización de la página. Estos tres códigos y sus signos respectivos se combinan en las páginas de un diario cuya lectura es diferente a la de la página de un libro: "leemos" los distintos tipos de letra, los titulares y su propia organización, las fotografías y sus pies —breves textos que las acompañan—, los "infográficos" —neologismo del ámbito del diseño periodístico que designa las expresiones gráficas de informaciones cuyo contenido son acontecimientos— o bien dibujan un lugar, aparato, etc., "leemos", de alguna manera, el color y la organización —diagramación o "arquitectura" de la página como se ha venido en llamar— que haya decidido destacar un texto frente a otro.

Esta combinación de signos hace que la manipulación periodística, entendida peyorativamente, sea bastante compleja y no baste, para advertirla, examinar lo puramente lingüístico que sería objeto de la llamada manipulación discursiva.

Evidentemente, si estudiamos el medio radiofónico hay que tener en cuenta la primacía de lo oral, la entonación es soporte de información y por tanto susceptible de manipularla; en el caso del medio televisual lo definitorio es la imagen. Todo esto hace que al hablar de los signos empleados en el lenguaje periodístico haya que partir de esta heterogeneidad.

1.2. Contaminaciones del lenguaje periodístico

El texto iluminador de estas contaminaciones sigue siendo el trabajo de Lázaro Carreter *Fronteras del lenguaje periodístico*; hablaba en él de lo literario, lo administrativo y lo oral como de tres fronteras delimitadoras de la lengua periodística. A ellas habría que unir la del hablar de los políticos. Al español que aparece en los medios de comunicación han pasado muchos usos de esos cuatro ámbitos; queda por decidir si puede hablarse de un *lenguaje periodístico puro* libre de todos esos contagios o si todos ellos contribuyen en cierta medida a que reconozcamos lo periodístico como una amalgama de varios de ellos. Veamos un ejemplo:

> "*Había un encapotado volante de nubes que resultó ser algo más que un nublado atmosférico: finalizado su corto cenit superlativo, sobre la isla de la Cartuja se abatió ayer un entorchado de ensombrecimientos. El decaimiento ambiental —primero la mañana surgió esclarecida: lentamente fue apagándose como un atardecer novembrino— contaminó a la audiencia con el virus de la melancolía*".

Este texto es muestra de clara literarización, justificable, en parte, por el contenido ya que se trata de una crónica sobre la clausura de la Exposición Universal de Sevilla de 1992 y esto suponía un cierto ambiente nostálgico. Quizás esta contaminación —o frontera— literaria sea la menos peligrosa y la más querida por los profesionales:

> "*Días antes de la muerte de Franco, en noviembre del 75, Felipe González asiste al congreso del SPD que se celebra en Mannhein; al entrar, Willy Brandt interrumpe su discurso y se queda en silencio. Y siempre en silencio baja de la tribuna y, en medio del pasillo, da un fuerte abrazo a González entre los aplausos de los asistentes.*"

Lo que en el primer texto se ha conseguido primordialmente con la selección léxica, aquí lo vemos en el uso de las formas verbales y la construcción polisindética que presenta un ritmo creciente.

Un último ejemplo de periodismo deportivo en el que la literarización es asimismo muy frecuente:

> "*Entre naranjos impregnados de azahar, cuyo olor cubría prácticamente todo el recorrido, bajo un bochorno increíble, Recio cerraba la penúltima oportunidad para los más débiles, para los que tienen que labrar sus triunfos con escapadas maratonianas bajo cualquier cielo*".

La maximización de adjetivos, el empleo de verbos que invitan al esfuerzo de los que hablaba Lázaro Carreter, aparecen con la mayor naturalidad. También es fácil encontrar términos de significación bélica:

> *"No hay criterios económicos, sino una lucha política que, como todas, se establece en términos de relación de fuerzas y en la que los productores de petróleo utilizan como arma la única que tienen".*

Más peligroso es el contagio de formas administrativas que retardan la frase: *"...de nombre Pedro Jiménez y de profesión taxista se personó..."* o *" la flexibilización de plantilla que se está acometiendo obedece a la actual reducción de la producción a consecuencia de la constante renovación del sector".*

En ocasiones, este contagio produce, como ha denunciado el profesor Seco, un oscurecimiento del discurso que puede tener la intención de dominar la realidad mediante la palabra inusual y en cierto modo incomprensible para el hablante común.

La contaminación de lo oral en el periodismo escrito es también muy arriesgada por lo que supone de falaz la afirmación de que la lengua hablada y la escrita son una misma cosa; cualquier estudiante reflexivo, mucho más cualquier profesor de Lengua Española, sabe que eso no es así. Cuando aprendemos a escribir nos ejercitamos en unas habilidades que no nos ha exigido la adquisición de la lengua hablada: fórmulas sintácticas que desarrollan lo que en las elipsis orales no aparece, léxico más ajustado, contextualizaciones innecesarias en el acto comunicativo inmediato, etc., etc. Lo oral es presentado como registro más coloquial:

> *"Osasuna Promesas e Izarra **se verán las caras** a partir de las 12 del mediodía..."*
>
> *"En Edimburgo entre manifestaciones de todo **pelaje** para llamar la atención de las cámaras de televisión"*

En cualquier caso, en este apartado, hay que resaltar que el problema grave está precisamente en los medios orales ya que en ellos se confunde muchas veces lo coloquial con lo vulgar o con lo absolutamente incorrecto. En aras de una espontaneidad mal entendida, y justificados porque el medio radiofónico, sobre otros, exige repentizar casi continuamente, las impropiedades léxicas se suceden: *"la temperatura que **detenta** hoy San Sebastián..." "Y, por ahí, ¿como está la **climatología**?" "vamos con los **argumentos** de hoy"*, no se cuida la pronunciación: *"Como saben **arquiólogos** alemanes han anunciado que el Acueducto..." "Hay una [**egspléndida**] exposición...." "se trata de una solución **ín/ teresada...**"*

etc., etc., etc; tampoco se cuida la entonación como veremos más adelante

Por último podríamos comentar el contagio de los modos de hablar de los políticos. Es en cierto modo semejante al contagio de lo administrativo: los textos periodísticos pueden teñirse de eufemismos, términos vagos y abstractos, tecnicismos innecesarios, vanilocuencia en fin:

> *"Lo que tipifica a tan penúltima forma de democracia en su inmediato horizonte posindustrial, poshistórico, parece ser una decisiva metamorfosis tecnopolítica. La conjunción tecnocrática de la comunicación, ordenadores y "mass-media" preside el salto hacia el futuro del planetarizado tiempo."*

No puede olvidarse la distinta finalidad que tienen los dos discursos —el periodístico y el político—: el primero ha de ser radicalmente informativo, el segundo es básicamente persuasivo.

En el primero, el receptor busca que se le expliciten hechos, que se le señalen causas y consecuencias de ellos; si se trata de contenidos conceptuales, querrá asimismo que se le expliquen con razonamientos claros y pertinentes al tema en cuestión; si en lugar de eso el emisor busca suscitar emociones, conseguir adhesiones emocionales y en su caso provocar acciones, estaremos frente a textos persuasivos.

En la base de la distinción lingüística está la relación preferente de cada uno de ellos con dos funciones del lenguaje: la referencial en el primer caso y la comunicativa, que llega a hacerse activa, en el segundo. Asimismo, la preeminencia en uno de lo denotativo y de lo connotativo en el otro permitiría sopesar la influencia de lo político —en cuanto más emocional que nocional— en lo periodístico.

1.3. HETEROGENEIDAD DE REFERENTES

Los textos periodísticos remiten a contenidos muy variados; en ellos se nos puede hablar de un partido de fútbol, de acuerdos internacionales, de guerras en lugares alejados de nuestro entorno, de bodas y divorcios de personas conocidas, de problemas económicos, etc., etc. Esto hace que las páginas de un periódico sean —o deban ser— el reflejo de la vida real de una comunidad. La variedad de referentes impone léxicos diferenciados; la presencia de tecnicismos propios de cada actividad será nota distintiva de las variadas páginas de un periódico.

El profesor Seco ha hablado de la creatividad léxica en las páginas dedicadas a temas culturales, quizás sea en ellas donde los procesos neológicos representen más la voluntad de estilo. Hay que tener también en cuenta que muchos de los que escriben en estas páginas no son estrictamente periodistas sino críticos o especialistas de distintas actividades. En cualquier caso, es seguro que con esos neologismos intentan conseguir mayor eficacia comunicativa. La llamada "seccionalización" del periódico —que ha sido progresiva en la historia del periodismo— obligaría a examinar separadamente lo que suponen las páginas o las secciones de informaciones especializadas, todo un mundo en el que no vamos a entrar en este trabajo. Veamos, para terminar este punto, los siguientes textos pertenecientes a áreas muy diferenciadas en el español periodístico: la deportiva, la económica y la cultural:

> "En todas las jugadas a balón parado se cuenta con el rechace al borde del área, donde Vizcaíno, el jugador que mejor volea de España, esté atento por las inmediaciones para aplicar su violento disparo. Incluso, hay una jugada preparada a tal efecto. En los corners las torres suben al primer y segundo palo para efectuar el clásico saque con toque de cabeza hacia atrás. [...] es un lanzamiento que se realiza muy abierto, a la frontal del área donde llega Vizcaíno y la empalma sin parar."

> "El banco emisor pretende liberalizar el mercado de divisas mediante un mayor desarrollo de las coberturas de riesgo de cambio e introduce para ello instrumentos como las permutas financieras y los futuros sobre divisas que quedan por primera vez regulados."

> "Inventó la primera alternativa radical del uso cubista del collage, para evitar la representación mediante perspectiva ilusoria [....] la transgresión literal de la estructura —soporte del arte, eliminando lo ilusorio y activando el espacio circundante."

Sin que comentemos estos textos, tan sólo la lectura nos permite ver el empleo técnico de voces (**palo, saque, mercado de divisas, cubista,** etc.), extranjerismos (**corners, collage**); hay en los tres textos datos suficientes para adscribirlos a cada una de las áreas mencionadas.

CAPÍTULO II

USO Y EMPLEO DEL ESPAÑOL EN LOS MEDIOS

Según la distinción hecha en las primeras páginas de este trabajo, en este capítulo intentaremos examinar cómo los periodistas trabajan con el sistema lingüístico que les es propio. En ese trabajo, el informador puede desviarse de la norma y cometer errores como cualquier otro usuario; no nos detendremos en los que se encuentran también en registros o niveles distintos del periodístico, aunque es bien sabido que un uso difundido por los medios de comunicación tenderá a consolidarse en el español común. De ahí el máximo cuidado que deberían poner los medios en la corrección de sus textos, desde la ortográfica (*relacción, erudicción, expléndido, antigüalla* o *excéptico*, etc., son frecuentes en las páginas de la prensa y se traslucen en la pronunciación de locutores), hasta la morfológica y sintáctica (*el apoteosis, el índole, la detonante; "Los «novillos» de los diputados deteriora la imagen del Parlamento"*).

Es decir, en el examen del español que aparece en los medios de comunicación, no pueden calificarse todos los usos de la misma forma: unos son debidos a la impericia del profesional, y no podemos señalarlos como caracterizadores de esta modalidad de lengua; otros, aunque en algún momento podrían censurarse, se dan como propios del español periodístico, y otros, por fin, debidos a la voluntad de estilo del escritor periodista conforman claramente el lenguaje periodístico.

2.1. PLANO GRÁFICO

En este plano podríamos examinar bastantes cuestiones como ya han apuntado entre otros Casado Velarde(1992) y Martín Zorraquino (1990); vamos a ver algunas más estrechamente ligadas al quehacer periodístico. Aunque sea una cuestión menor, reseño un error creciente del que los periodistas suelen culpar al uso del ordenador en la confección de sus escritos: la incorrecta división de palabras al final de línea (*contin-úan, pirag-üista, reun-irnos.*) Es un defecto fácilmente subsanable que si se extiende podría llegar a malformar los hábitos fonemáticos del español.

La actividad periodística precisa con mucha frecuencia de los distintos marcadores gráficos: comillas ("...", «...» inglesas o españolas respectivamente y en cuya diferencia de uso no vamos a entrar), comillas simples ('...'), paréntesis y tipos de letra (mayúscula, negrita, cursiva, etc.).

2.1.1. *Comillas*

El uso de las varias comillas presenta cierta anarquía pues no se emplean únicamente como recomienda la Academia y recoge muy claramente Manuel Seco en su *Diccionario de dudas y dificultades de la lengua española*. Las comillas inglesas o las españolas ("...", «...») han de emplearse para encerrar una frase reproducida textualmente o para enmarcar un sobrenombre, nombre propio de cosa o de animal; no se sigue la recomendación de usar comillas invertidas si lo citado es más de un párrafo:

> "*Álvarez del Manzano abordó después materias[...] «cuya presencia se ha dejado sentir en toda la ciudad. Desde la puesta en servicio de la Policía de Barrio[...] 1.162 heridos y 50 muertos menos que en el ejercicio pasado.»*
>
> *«Nuestro esfuerzo ha sido también muy satisfactorio en materia de vivienda[...]»*" [según la norma no se debería cerrar tras la palabra *pasado* y sí poner comillas invertidas al comienzo del segundo párrafo; es norma incumplida no sólo por la prensa].

Se emplean correctamente en los ejemplos que citamos a continuación:

> "*Para Espasa-Calpe, «la imaginación, la diferenciación y la profesionalidad en el tejido industrial» serán las claves del 93 para competir con los medios de comunicación audiovisual y hacerse con el crecimiento gradual del número de lectores «que se produce siempre a ritmo lento», dice Javier de Juan.*"

"«Somos vulcanólogos y no suicidas», manifestó la científica para explicar las razones por las que permanecen en la isla",

o en estos casos anteriores a la etapa actual estudiada:

"Ya llegaron los refrigeradores «GIBSON» 1936 con su célebre congelador plano «Mágico»" (ABC, julio, 1936)

"El vapor alemán «Amrum», con cargamento de carbón con destino ..." (Correo Español, mayo, 1898),

pero también se emplean en nuestra época como en las anteriores para enmarcar palabras que presentan connotación de diferente tipo:

"Las «ideicas» de un inglés." (El Debate, enero, 1915)

"La Comunidad Europea pidió ayer a los países árabes y a los no alineados que presionen a Irak para aceptar una delegación de la ONU que discuta el destino de los 2.000 «huéspedes» extranjeros retenidos aún por el régimen de Bagdad."

"Era el año de 1972 cuando se conocieron Brandt y González, en una reunión de partidos socialistas, y hubo «flechazo»."

Podría aceptarse este empleo si se hiciera de manera uniforme en todas las ocasiones, pero esa marcación aparece de otras formas, muy frecuentemente con comillas simples.

Estas comillas se usan en lingüística para indicar que lo abarcado entre ellas es un significado, de ahí que acostumbremos a llamarlas «de valor»: *noche toledana,* 'la que se pasa sin dormir'; *televisivo,* 'cualidad para ser televisado'. Pueden desempeñar la función de comillas normales o dobles dentro de un texto ya entrecomillado. El uso periodístico muestra distintos empleos:

"Baggio 'futbolista de oro'

*Roberto Baggio, del Juventus de Turín, fue elegido **futbolista de oro** de Italia..."* [dos tipos de señalamiento para la misma expresión en el mismo texto; el primero es titular].

*"El Gobierno colombiano pide serenidad tras el nuevo asesinato de los '**extraditables**'..."* [señala el neologismo].

*"De Klerk anuncia el comienzo de una nueva era sin '**apartheid**' en Suráfrica"* [señala el préstamo].

*"UGT admite que la juez Carmena no liberó a un '**narco**' colombiano"* [acortamiento coloquial de **narcotraficante**].

En estos casos el uso periodístico puede estar influido por la aparición en titulares pero aparece fuera de ellos y en casos que claramente exigirían la comilla doble:

> *"Trabajadores del 'Madrid' reclaman la gestión de los bienes..."*

Hay casos en que se prefiere el señalamiento mediante distinto tipo de letra:

> *"Los gamberros decapitaron a la Mari Blanca..."*
>
> *"La peña tudelana La Teba..."*

Con tan sólo estos ejemplos podemos adelantar que el uso de la marcación gráfica no es homogénea en los periódicos españoles, no lo era en otros momentos:

> *"El acorazado inglés Formidable de 15.250 toneladas, construido hace diez y seis años, se hundió ayer en aguas del Canal de la Mancha"* (El Debate, enero, 1915)
>
> *"Cuanto más arrecian los marranos de los Estados Unidos..."* (El Socialista, mayo, 1898)

Dos casos en los que se podría haber entrecomillado y se prefirió el cambio tipográfico. El uso del ordenador ha hecho que en los últimos años la variedad de letras y de señalamientos gráficos aumente. Hay que tener en cuenta que en las páginas del periódico se da el primer paso para la difusión de neologismos —**eurocomunismo, docudrama, ministrable**, etc.— se usan voces extranjeras recién introducidas —**reggae**, 'tipo de música y baile'; **speed**, 'tipo de droga', etc.—, se emplean palabras en sentido figurado o lexías —**pucherazo, los doberman** 'policía antidisturbos de Panamá', **lista negra, patata caliente**, etc.—; todo esto exige marcación gráfica.

2.1.2. *Paréntesis*

Se emplea como está recomendado para enmarcar o aislar una observación al margen del objeto principal del discurso:

> *"Tanto el presidente del Soviet Supremo de Rusia, Boris Yeltsin, como el grupo parlamentario <<Interregional>> (**unos cua-**

renta diputados, entre ellos Popov, Sobshak, Stankievitz, Afanasiev),..."

pero a veces lo que va entre paréntesis es de difícil comprensión para el lector no especializado:

> *"Carlos Sáinz y Luis Moya* **(Toyota Celica)** *recibieron ayer la copa de ganadores del Rally de Montecarlo que unen así a sus trofeos de Finlandia* **(1.000 Lagos),** *Nueva Zelanda, Grecia* **(Acrópolis)** *e Inglaterra* **(RAC),** *consiguiendo de este modo haber ganado los tres rallies más míticos que existen: Montecarlo, 1.000 Lagos y Acrópolis"* [en el primer paréntesis se refiere al equipo, los otros dos son los nombres de los circuitos automovilísticos como se dice en el texto],

o se encierra en ellos una aclaración que no se entiende como superflua:

> *"Por otra parte, la defensa blanca sigue siendo francamente buena, sacando ayer del partido de[sic] Jordi Villacampa.* **(Si Rafa Jofresa, que no dirigió el juego tan bien como lo hizo su rival Llorente, no hubiese estado sobrehumanamente inspirado en el tiro, el Madrid se podría haber marchado al descanso con diez puntos de ventaja)."**

El paréntesis parece convertirse en recurso que ya encontramos en otros momentos de la prensa española. Así en el diario *Pueblo* de Madrid, en 1970, se empleaba como recurso tipográfico en titulares bastante llamativos:

> *"Cierre de bases U.S.A."* [antetítulo]

> *"NO DICEN NADA* **(De las 30 / que suprimirán / en el extranjero)"** [paréntesis repartido en tres líneas].

> *"Destrozos en varias Facultades"* [antetítulo].

> *"SE FATIGA EL MINISTRO* **(Francés / de / educación)"** [igual que el caso anterior].

> *"Las posibles relaciones España-Israel"* [antetítulo].

> *"DESPIERTAN / INTERÉS* **(En todo/ el mundo)"** [Aquí se divide en doble columna y dos líneas]

2.1.3. *Puntuación y acentuación*

El uso de los signos de puntuación y acentuación presenta, en el español periodístico, errores graves derivados del descuido y del desconocimiento de la importancia que tanto la puntuación como la acentuación tienen para el sistema lingüístico.

Por la relación que tienen lo primeros con la sintaxis, es de importancia máxima su cuidado y no dejar a criterios más o menos aleatorios su empleo. Sabemos cómo una simple coma puede desvirtuar la información correcta:

> *"militares narcotraficantes y hacendados"* [¿son tres o dos miembros en la enumeración?].

> *"Bush se fue sin decir adiós a una minúscula casa de Houston"* [Bush se fue, sin decir adiós, a una minúscula...].

Resulta muy dificultosa la lectura de párrafos en los que la aparición de comas exige pausas innecesarias o de otros sin apenas puntuación:

> *"Lo cierto es que casi diez años después de la aparición de los primeros casos oficiales en el panorama sanitario mundial —registrados en 1981 en la comunidad homosexual de San Francisco— la ciencia aparentemente no ha conseguido más que aproximaciones farmacológicas en el intento de dominar una plaga más temible que la peste medieval, que al final de la década contabilizará más de seis millones de enfermos."*

Muy frecuentemente no se separa el circunstancial situado en primera posición del párrafo y que suele mencionar la fuente de lo expresado a continuación:

> *"Según (sic) Eguiagaray los cambios del decreto no alterarán su raíz"*

o bien se trata de una locución adverbial que sirve de conector oracional:

> *"Sin embargo tanto BMW como Mercedes han entrado en una guerra..."*

Junto a la coma, la lengua periodística siente predilección por los dos puntos (:). Se emplea incorrectamente para elidir expresiones lingüísticas de variado contenido con el deseo de brevedad que preside muchos textos incomprensibles si se leen con un mínimo de reflexión y no con el automatismo a que nos acostumbra la lectura de prensa. El siguiente texto ejemplifica esto:

> *"El informe en cuestión analiza seis grandes áreas culturales con la siguiente metodología: su situación actual; intervención del sector público: contraste con la situación europea; y tendencias de evolución.* [A continuación, en la misma página, se presentan las seis áreas en seis apartados con epígrafes que parecen expresar la situación o el mayor problema de dicha área. Recojo los epígrafes.]

> *Arte: grupo de críticos / Libros: oligopolio / Cine: caída / Teatro: Estancado/ Patrimonio: mecenazgo / Música: importada* [Véase cómo los dos puntos permiten omitir explicaciones más amplias y a la vez exigen la lectura del texto que explicita lo que a la manera de «palabra-clave» presenta el epígrafe. Cabe preguntarse por el uso de mayúscula en el 4.° epígrafe].

El llamado estilo telegráfico tiene en los dos puntos un perfecto aliado:

> *"Femenino. Alicia Diego: Se impuso claramente a la representante catalana en 50 Kgs."* [se dan los resultados de un campeonato en una determinada categoría].

Conviene recordar que los dos puntos, además del uso en los encabezamiento de cartas, empleo que no afecta al español en la prensa, y del menos empleado como conector con valor consecutivo ("Es triste esa noticia: por ella muchos niños llorarán hoy"), tienen otros en nuestra lengua muy útiles para el uso periodístico:

1) Preceder a una enumeración [p. ej.: El informe en cuestión analiza seis grandes áreas culturales: arte, libros, cine, teatro, patrimonio y música]

2) En estilo directo, precediendo las comillas que enmarcan lo citado textualmente [p. ej.: Eguiagaray dijo: «Los cambios del decreto no alterarán su raíz»]. Sin embargo en este caso aumentan los ejemplos en los que no aparecen:

> *"El director de la prisión Miguel Carreño, que también intervino en la rueda de prensa, puntualizó que «más que un motín ha sido una revuelta»."*

Respecto a la acentuación, el uso periodístico incurre en los mismos errores que podemos encontrar en otros usos del español; conviene destacar, sin embargo, que las defectuosas acentuaciones dificultan la lectura de textos en radio y televisión:

> "... *esté programa muestra a niños encarcelados...*"
> "*Todo ello supuso para la empresa un **desembolsó** de 57 millones de pesetas.*"
> "*... la relación que se **tratara** de impulsar próximamente será tenida en cuenta.*"

2.2. Plano fónico

Hay que recordar que, como dice Manuel Seco, los periodistas de los medios radiofónicos y televisuales tienen como responsabilidad específica respecto al uso de la lengua el de mantener y difundir las convenciones fónicas de nuestro idioma. Podríamos recordar la necesidad de una pronunciación que recogiera el español estándar, sin acentuar las peculiaridades regionales, algo de lo que ya hace años habló Lázaro Carreter en su discutido artículo "Señas de identidad".

2.2.1. *Pronunciación y entonación*

No hay duda de que muchos de los profesionales de radio y televisión cuidan su ortología pero también es cierto que el descuido en la pronunciación y el amaneramiento en la entonación cunde de forma no deseable. El amaneramiento se tiñe de "rasgo de estilo", ciertas entonaciones peculiares de determinados profesionales que han alcanzado popularidad se convierten en ejemplares y así resulta una uniformación que ataca el sistema prosodemático español y contribuye a que muchos de los locutores no hablen como españoles.

Los rasgos de esa pronunciación son los expuestos ya claramente por el profesor Seco y también por Manuel Casado:

a) acentuación enfática que marca prosódicamente sílabas átonas:

> "El sindicato UGT denunció ayer la falta de pérsonal en los parques, así como la carencia de préparación

existente entre los trábajadores, que ya no hacen réci-
claje."

De estos casos han recogido muchos E. Fontanillo y M. I.
Riesco ·en su libro *Teleperversión de la lengua*: "**réti**-rándo",
"la obra ha sido **rés**-cat**á**da de..."

b) Destrucción de la sinalefa habitual en español entre la
vocal final y vocal átona inicial de la palabra siguiente:

"Está expuesto/el traje ..." En ocasiones el temor a la
unión de palabras que en lo escrito aparecen separadas
llega a producir pronunciaciones completamente insóli-
tas en español normal:

"Ayer por/ la mañana/ no/ acudió a sú/ despacho..."

Como vemos, este problema enlaza con la necesidad de que
los locutores recuerden que la pausa no responde únicamente a
exigencias fisiológicas sino que tiene un valor significativo. Basta
citar el ejemplo traído a colación por Seco:

"los resultados de la Copa/ del Rey de Fútbol"

o este otro:

"en el mundo de la economía argentaria/ ha presentado..."
[une el complemento circunstancial al sujeto, que queda separado del predicado]

Son pronunciaciones debidas a las premura de la información radiofónica y por ello disculpables, pero conviene insistir
en lo dicho más arriba: la aparición de pausas en la cadena hablada tiene consecuencias significativas y puede generar, cuando
menos, ambigüedad sintáctica y semántica.

c) Distorsión de la entonación enunciativa normal del español cuya inflexión final descendente a partir del último acento de la frase se torna en una elevación de tono en ese acento
para luego descender suavemente lo que, dicho alingüística-
mente, quita gravedad a nuestra entonación.

2.2.2. *Pronunciación de extranjerismos*

La pronunciación de unidades marginales del léxico como son los extranjerismos: *"…no podemos trabajar, estamos en* **están bai**" [stand by].

Las siglas: **la urs** [se prolonga la -s para representar la grafía URSS], **la ka-ye-be** [K.G.B.] y los nombres propios: **bas, bus** [Bush, no sólo el sonido vocálico plantea problemas sino el fricativo final que no llega a simplificarse sino que recibe variadas realizaciones fonéticas] presentan problemas específicos que veremos en el estudio del plano léxico.

2.3. PLANO MORFOSINTÁCTICO

No hay duda de que es en este plano donde el español periodístico ofrece más casos de estudio, sea cual sea el punto de vista que queramos ejercer para examinarlo. Si quisiéramos detectar errores, desvíos o tendencias de uso, los morfemas de género y número nos ofrecerían una nómina de ejemplos muy abundante. Recordemos, respecto a esto, el papel que desempeñan los medios de comunicación en la consolidación de procesos como el uso del femenino en los nombres de profesiones, o la existencia de una tercera forma de plural en español: «**consonante + s**». Dados los límites de este trabajo, tan sólo espigaremos algunos de los casos más representativos.

2.3.1. *Orden de palabras*

Los textos periodísticos son ejemplares para el estudio de un factor que atañe no sólo a lo oracional sino a la organización textual. Como decíamos en el primer capítulo, la enunciación periodística se mueve entre lo narrativo y lo discursivo; esto origina una organización de los elementos lingüísticos bastante peculiar, ya que es preciso despertar el interés del lector y mantenerlo durante todo el texto. Un primer nivel de análisis nos puede llevar a rastrear ciertos desórdenes sintagmáticos que originan incorrecciones del tipo:

"Por lo que respecta al interior, los asientos de diseño deportivo y el volante forrado en piel de tres brazos son las princi-

pales modificaciones" [¿una piel de tres brazos? debería decir: "el volante de tres brazos forrado en piel"]

"...nuestro experto/ en cuestiones internacionales de la Cope..." [¿a qué determina 'de la Cope'?].

Esos errores de desplazamiento de los complementos pueden dar lugar a frases ambiguas o jocosas como las citadas o como las recogidas por Casado *"Sombreros para niños de paja"*, *"Homenaje al alcalde de los futbolistas"*; ya hemos visto en el epígrafe de la puntuación cómo ésta interviene también para provocar estas ambigüedades; conviene insistir en mantener unidos los complementos y el término complementado.

Al examinar el "orden de palabras" hay que dar cuenta de una especial ordenación sintáctica que se separa de la normal en español. Lázaro Carreter ha hablado de ella cuando ha señalado la tendencia del español periodístico a constituirse en una lengua especial. Podría hablarse de una sublengua que prefiere colocar el sujeto en último lugar, con lo que esa colocación comporte en el orden comunicativo:

*"Fruto de la presión insistente a la que fue sometida la meta de Cedrún llegó **el tanto gallego**."*

La tendencia puede rastrearse años atrás:

*"Que el aumento de las tarifas repercuta en los salarios. Piden **los trabajadores ferroviarios**."* (*Pueblo*, febr. 70); ejemplo heredero de estos más antiguos: *"Que no exageramos los socialistas cuando exponemos a la vista de la opinión[...] lo hacen bueno **los mismos capitalistas** que todos los días nos brindan testimonios..."* (*Socialista*, jun. 1925).

*"Bajo el imperio de la unión liberal, que al decir de sus fundadores ha venido al mundo para restablecer la ley en toda su pureza y desterrar de la administración el capricho y la arbitrariedad, se ven **cosas que ni en Marruecos**"* (*La España*, enero, 1859).

Esta tendencia no se registra en los titulares donde parece prevalecer el orden Sujeto-Predicado tanto en los que se organizan en torno a un núcleo verbal como en aquellos que prefieren frase nominal:

"Elizalde y Eizaguirre refrendaron su título."

"Otro petrolero serbio viola el embargo con anuencia de las autoridades rumanas."

"La llegada de las televisiones privadas, una amenaza para los videoclubes españoles."

2.3.2. Estilo directo

El orden de palabras es un factor importantísimo para una construcción a la que los periodistas tienen que acudir con frecuencia. Construcción que sirve para reproducir palabras textuales, es decir, lo que conocemos como "estilo directo". La norma española hacía depender esta reproducción textual de un verbo de palabra al que seguían dos puntos y comillas (: « »): Dice un escritor célebre: «El hombre debe seguir la voz de su conciencia».

Es posible intercalar el verbo de palabra y el sujeto en lo reproducido textualmente o incluso colocarlos tras lo entrecomillado. Puede afirmarse que la primera solución es casi inexistente en la prensa actual:

"Pero el portavoz George Stephanopoulos sugiere ahora que la cantidad importa menos que la tendencia. La semana pasada dijo: «Durante los últimos doce años hemos visto subir el déficit cada año. Sería un logro significativo hacer que cambiara en el sentido opuesto»."

Se dan mucho más frecuentemente la segunda y la tercera posibilidad:

«Este acuerdo», dijo Keough, «supone el principio de la segunda fase...» [no es necesario cerrar las comillas antes de la interrupción sino emplear guión: —dijo Keough—].

«En este caso —señala el texto de la resolución facilitado por Servimedia— nos encontramos con un sector muy ilustrado; muchos de sus miembros han realizado estudios superiores.»

"« El problema de la capitalidad de Madrid es, como ya ocurrió en París, que sus ciudadanos están acostumbrados a eventos y espectáculos[...] habría impactado mucho más», dijo el alcalde."

Pasar del estilo directo al indirecto exige una serie de trasposiciones precedidas por la aparición de un **que** introductor y si es necesario un cambio en las formas deícticas y verbales: Mi padre me dijo: «Ven aquí» se convierte en "Mi padre me dijo que fuera allí". Así, un texto como:

«Si no se realiza ese esfuerzo de solidaridad —dijo— se nos condena a no entrar nunca en la moneda única»,

en estilo indirecto sería: «Dijo que si no se realizaba ese esfuerzo de solidaridad se nos condenaría...»

El uso incorrecto de esta estructura origina errores sintácticos ya que se ha llegado a una mezcla del directo e indirecto: desaparecen las comillas, se emplea el introductor y se transcribe lo dicho: "El atleta gijonés dijo que participaré el próximo domingo en Valencia" o se mantienen la comillas con el introductor del estilo indirecto:

"El comandante Bob Waimen dijo que en la confusión se pensó en un ataque iraquí pero que «dada nuestra supremacía en el aire presumo que se trató de fuego amigo»." Esta es la solución más frecuente. De este modo se ha llegado a una fórmula intermedia en la que las reproducciones textuales no parecen tener más exigencia que la aparición de comillas.

2.3.3. *Uso del verbo*

Durante mucho tiempo los profesionales del periodismo han destacado la importancia de lo nominal sobre lo verbal; sin embargo, es inobjetable que el perfecto manejo de las variadas formas verbales del español dan al mensaje riqueza y precisión. Ceñirse al uso de unas pocas formas no es sino muestra de empobrecimiento lingüístico y mental, ya que, en la medida en que prescindimos de los matices que el paradigma verbal nos ofrece, reducimos nuestra expresión y comprensión de los hechos.

Existe en el empleo de esta clase de palabras una cuestión que afecta al léxico y a la sintaxis: la construcción de verbos, es decir, intransitivos como transitivos o pronominales como no pronominales. Estas construcciones, asentadas en el lenguaje periodístico, son una muestra más del poder de difusión de usos lingüísticos que tienen los medios de comunicación, y por lo que es importante detectar lo que en sus empleos pueda haber de anómalo respecto al uso propio del sistema lingüístico:

> "*Lo **cesaron** después de las declaraciones ...*" (0) [cesó después de las declaraciones].

> "*en la operación "Nécora" **incautaron*** [la policía se incautó de] *más droga de la que* [...]" (0).

> "*El primer ministro **fue cesado*** [destituido] *de este cargo el pasado mes de agosto por el presidente Gamsajurdia.*" Algunas de estas incorrecciones se dan en verbos que pueden construirse de dos formas —enfrentar y enfrentarse— y se produce un cruce entre ellas:

> "*la economía **enfrenta** a una larga crisis* [...]".

2.3.3.1. El infinitivo

Es fácil recordar la regla gramatical que exige que el infinitivo vaya siempre acompañado de otro verbo cuando funcione como tal forma verbal; establece así una relación con otras formas ["quiero escribir," "decidió ir", "parece reclamar", "voy a ir", "debo trabajar", "conviene esperar"], exigencia que no se da cuando funciona como nombre ["este sufrir constante", "tu llegar tarde a todos los sitios es fea costumbre"]; este nombre del verbo que expresa la acción en abstracto ha pasado por gracia del empleo periodístico a ser una especie de forma de apoyo a la que se se subordinan muy frecuentemente proposiciones completivas:

> "*Por otra parte, **comentar que** la necesidad de un Parque de estas características es realmente imperiosa en la zona*".

> "*Por último **decir que** la marea...*"(0),

empleo que se extiende a otro tipo de construcciones completivas:

> "***A destacar** sobre todo el crecimiento de esta última marca que está paliando...*".

> "*Entre las partidas, **destacar** la que se asigna...*".

Los primeros ejemplos que se rastrearon podían llevarnos a pensar que se empleaba como recurso de conclusión o de cierre de texto:

"Por último, **decir** *que..."*

"Para terminar, **afirmar** *que..."*, actualmente se ha extendido a cualquier situación del texto.

Es una muestra de pereza verbal reducir las posibilidades que ofrece el español común —"conviene destacar", "debemos comentar", "hay que decir", etc.— creyendo que con este empleo se hace más comunicativo y periodístico el mensaje; la disculpa es la economía, la preferencia por lo impersonal o por la generalización. En cualquier caso no debe disculparse un uso que, indefectiblemente, empobrece la expresividad y que la ley del mínimo esfuerzo ha hecho que cale en los usos lingüísticos de toda la comunidad.

2.3.3.2. Otros usos verbales

Existen algunos usos verbales que parecen quedar circunscritos al empleo periodístico: 1) el llamado, por Lázaro, "condicional del rumor" o por Lapesa de "información no asegurada", 2) el mismo condicional como "futuro histórico" que recoge el profesor Seco, 3) "las formas en -ra" con valor de pretérito pluscuamperfecto de indicativo, 4) el "pretérito perfecto simple" en lugar del compuesto, 5) "el abuso del presente" y 6) el incorrecto empleo del "gerundio".

Veamos cada una de ellas:

1) Lapesa denunciaba en 1977 este uso del condicional en los casos en que el periodista da a entender que no asegura la veracidad de lo expresado o que son rumores no confirmados; en cualquier caso, parece que no quisiera comprometerse con la información dada:

> *"El único inconveniente que* **habría** *es el marcapasos que se le colocó hace poco más de un mes."*
>
> *"Parece que* **podría** *cambiar la situación metereológica..."* (0)

Lázaro Carreter indica su origen francés y las dificultades de descodificación que pueden presentársele a un lector normal. En los últimos años parece que se ha frenado un poco este empleo; Fontanillo y Riesco no registran ninguno en su corpus oral del año 1983; los ejemplos aducidos por Lapesa y Lázaro

son anteriores a 1990 y también lo son los recogidos por mí.
Tampoco lo cita Manuel Seco en 1990.

Asimismo, con ese valor de condicional de información no
asegurada hemos registrado algún caso de imperfecto de subjuntivo en **-ra**:

> *"Ese ministro **pudiera** tener los días contados."*

2) El condicional es elegido para expresar el futuro del pasado sobre todo por los cronistas deportivos que se ven en la
necesidad de narrar los encuentros deportivos:

> *"Después **llegarían** los oros para España..."* (0)

> *"a falta de un minuto **llegaría** el penalty y con la acertada
> intervención del meta levantino **se acabarían** las esperanzas
> esportinguistas de lograr una victoria"* (cit. por Seco, 1990).

3) La forma en **-ra** del subjuntivo se usa como pasado del
indicativo sin duda con intención estilística. Es un rasgo arcaico
y literario que el español ya no escuchaba sino en canciones
populares ("amores que yo te diera...") y que hoy asocia a crónicas deportivas:

> *"El gol que **metiera** el delantero osasunista..."* (0)

o a otros textos periodísticos:

> *"Igual que **sucediera** el martes, los empresarios madrileños
> analizaron la financiación de las empresas"* (cit. por Casado,
> 1988).

> *"Desde que el barco **atracara** [atracó] en Port Said, el pa-
> sado sábado, sus agentes **esperan** instrucciones."*

4) El empleo regional del perfecto simple en vez del perfecto compuesto se ha extendido gracias a la sintaxis periodística que lo usa indiscriminadamente sobre todo en los medios
audiovisuales. Resulta, cuando menos, curioso que unos medios
caracterizados por la comunicación inmediata y la aproximación
al receptor elijan la forma verbal que expresa el alejamiento y
el acabamiento de la acción:

> *"**Oyeron** [han oído] ustedes las declaraciones del se-
> ñor..."* (0)

> "*Los Reyes visitaron* [han visitado] *esta mañana al Conde de Barcelona...*" (0)

5) Puede considerarse el presente de indicativo como un tiempo poco marcado, lo que le permite aparecer con valores muy diferentes (de pasado: "Picasso abandona Málaga muy joven", de futuro: "El mes que viene tengo vacaciones"; de imperativo: "¡Haces esto porque lo digo yo!", etc.). Estas virtualidades del presente de indicativo son aprovechadas por los periodistas de manera que, en ocasiones, lo que puede ser un rasgo de estilo, de acercamiento a la acción, es una sustitución incorrecta de lo narrado por lo comentado:

> "*a usted le ofrecen* [ofrecieron] *un refugio seguro tras sus declaraciones...*" (0);

también se registra con valor de futuro:

> "*El próximo domingo el equipo local se juega su puesto...*" (0),

uso menos reprobable cuando se da con futuro próximo en frases semejantes a las citadas que presentan el mismo empleo del español común.

6) Corregiremos siempre los empleos de gerundio especificativo largamente examinados por los filólogos, contagio del lenguaje administrativo: "*Decreto regulando las exportaciones...*", "*Ley normalizando el uso de...*".

> "*recursos que proviniendo del Capítulo II del estado de ingresos de...*".

2.3.3.3. Concurrencia de formas verbales

Cuando dos formas verbales concurren, vemos que la capacidad de los tiempos en español para expresar momentos de la realidad que no les corresponden hace que, cuando el hablante relaciona dos formas verbales en una oración compuesta, puedan aparecer discordancias verbales. Esto es más frecuente en la lengua oral por sus propias características, por las interrupciones producidas en la conversación, intercalación de comentarios al hilo de nuestro discurso cotidiano, del mayor grado de influencia del saber contextual, etc.

El estudio de las correlaciones verbales debería ocupar buena parte del poco tiempo que en las Facultades de Ciencias de la Información se dedica al estudio de la lengua española, ya que la lengua periodística registra cada vez con más frecuencia discordancias muy fáciles de corregir.

Las discordancias no afectan a todas las formas verbales, destaca el empleo de futuro de indicativo en lugar de presente de subjuntivo medido en relación al presente de indicativo que se da frecuentemente en los medios audiovisuales y se rastrea en el español hablado:

>*"**esperamos** que en el próximo año **llegará**..."* (0)

>*"el parlamento **acuerda** que se **abrirá** una investigación..."* (0)

Aparece el imperfecto en lugar del presente de subjuntivo medido en relación con el presente de indicativo:

>*"... se **muestra** ilusionado en su nuevo cargo y con ganas de desarrollar todas las propuestas aprobadas en la Asamblea, para que no **quedaran** [queden] en pura teoría: «Yo como presidente de la Fecam...»."*

Con los pasados el tiempo correcto en la subordinada es el imperfecto de subjuntivo y no el presente como aparece en algunos casos:

>*"Estas presiones **existían** para que el presidente se **mantenga** [mantuviera]."*

2.3.3.4. Perífrasis de pasiva

La traducción del inglés al castellano, muy frecuente y necesaria en la actividad periodística, ha traído al español bastantes construcciones que, sin ser absolutamente extrañas a nuestro sistema lingüístico, sí serían menos frecuentes sin esa influencia extranjera. Sabemos que el castellano tiene preferencia por la expresión activa y de ahí todas las complejas formas presididas por el pronombre SE a las que acudimos cuando no podemos transformar un complemento agente en sujeto: "Las tierras son abandonadas" = "Se abandonan las tierras", "Los estudiantes son ayudados con becas" = "Se ayuda a los estudiantes con becas"; no quiere decir esto que no pueda usarse la voz pasiva en español pues es un recurso expresivo más al que no debe renunciar el periodista sino que debe emplearlo bien. Han de evitarse traducciones del tipo: *"Ha sido decidida por el claustro la ampliación del periodo de exámenes"* [mejor, "el claustro ha decidido la ampliación del periodo de exámenes"], o alguna más admirable e impensable como la citada por Manuel Seco: *"En Palestina, un anciano falleció después de haber sido disparado."*

Aunque existe tolerancia para la construcción de pasiva refleja con complemento agente, no deja de ser algo incongruente: *"Se defendió la propuesta por el grupo socialista del Congreso."*

También se debe a influjo del inglés la perífrasis de **estar + siendo + participio**. Esta construcción imprime a la comunicación el matiz de presentismo, de inmediatez de la noticia buscado por los informadores:

> *"Estos días de vacaciones que están siendo disfrutados por miles de españoles..."*
>
> *"Están siendo muy discutidas las últimas decisiones de..."*

Con esta perífrasis la noticia parece dársenos mientras ocurre, lo cual resulta ser un objetivo deseable para muchos informadores, sobre todo, del medio audiovisual y del radiofónico.

2.3.3.5. Locuciones verbales

La preferencia de la lengua periodística por las perífrasis es una muestra del gusto por alargar la frase; en ocasiones, se trata de un contagio del habla de los políticos.

El español periodístico prefiere **dar comienzo** a **comenzar**, **hacer público** a **publicar**, **introducir modificaciones** a **modificar**, **poner límites** a **limitar**, **poner de manifiesto** a **manifestar**, **proceder a la inauguración** a **inaugurar**, **tomar el acuerdo** a **acordar**, y otras sustituciones de verbo por perífrasis sinonímica de verbo seguido de complemento:

> *"Están dispuestos a ejercer la protesta si la situación..."*

> *"Ayer pusieron punto y[sic] final a la larga discu-*
> *sión..."* (0)

2.3.4. *Usos preposicionales*

Como en otros casos, exponemos, de forma sucinta, lo que en el empleo de las preposiciones españolas parece unirse más a la actividad periodística. No quiere decir esto que los usos citados sean exclusivos del mundo del periodismo; por otra parte, en las páginas de los periódicos o en las emisiones de radio y televisión se producen, en este campo, muchas incorrecciones que no exponemos.

Encontramos frecuentes omisiones de preposición en casos como los siguientes: *"Fondos pertenecientes* [a] *o provenientes del Plan de Desarrollo Regional", "el autor habla* [de] *y recuerda aquellos años."*

Frente a estas omisiones, los periodistas acuden a veces a la acumulación de preposiciones por el cruce de la exigida por un verbo con la presente en una locución:

> *"Este contrato con Mepamsa que ha supuesto una cifra de*
> *en torno a 10 millones de pesetas...", "...ha ascendido a en*
> *torno 25 millones..."* [recuérdese que esta locución pue-
> de construirse con *de* y con *a* pero pospuestas a ella: 'en
> torno de' o 'en torno a'].

Escudados en la transcripción entrecomillada difunden errores flagrantes:

> *"...la ministra Portavoz anunció la decisión del Gobierno*
> *de aprobar en los primeros días de enero un crédito extraordi-*
> *nario para que los funcionarios perciban en 1993 una subida*
> *salarial «del entorno del 2 por ciento»."* En estos casos, el
> periodista debería optar por la forma que él juzgue co-
> rrecta y no por la mera transmisión literal.

En 1988, el profesor García Yebra publicó un trabajo ejemplar (*Claudicación en el uso de las preposiciones*), al que hay que remitirse para ver de forma amplia el punto que ahora abordamos; en él, excluye de la consideración particular las preposiciones *ante, cabe, desde, entre, hasta, sin* y *so* por ser éstas las que presentan menos problemas en el español común; así lo ve-

mos también en el trabajo de Gómez Torrego. Por ello, de éstas, tan sólo apunto unas breves líneas respecto al uso periodístico de *ante* y *desde*

«ante»

Conviene reseñar el empleo incorrecto de *ante* en las crónicas deportivas:

> "...*jugó bien ante* [contra] *un enemigo difícil*" (0)

> "*El Madrid se enfrenta ante* [con] *el Barcelona*" (cit. por
> Gómez Torrego, 1989).

«desde»

Aparece con frecuencia en los periódicos, quizás por influencia del lenguaje administrativo:

> "**Desde** *fuentes cercanas a la Zarzuela [...]*", "**Desde** *la Ofi-
> cina de Información de la RENFE se nos informa[...]*" Más
> recomendable por claridad y sencillez sería: "la Oficina
> de Información de la RENFE informa [...]".

En algún caso parece que se confunde con la preposición
por:

> "*El trabajo va dirigido* **desde** *arquitectos y decoradores para
> conseguir [...]*"

Cuando se señala el principio y el fin de un hecho conviene
mantener la relación *desde... hasta*:

> "...*duró* **desde** *1932 a 1977*"

Nos quedan doce preposiciones —*a, bajo, con, contra, de, en,
hacia, para, por, según sobre, tras*— con las que el español expresa relaciones muy variadas. Está clara, pues, la polisemia de las
preposiciones españolas, polisemia que, entendida con García
Yebra como la posibilidad de distintos usos, se da en la lengua
y que, por tanto, no debe juzgarse como problema de discurso
y afirmar que el contexto construye el significado de cada una
de ellas. Es éste un problema debatido por los estudiosos y
que acarrea no pocas discusiones en las aulas cuando se trata
de corregir a estudiantes, españoles o extranjeros, el empleo
de una determinada preposición. No todas las preposiciones

presentan la misma polisemia y, quizá por ello, no todas presentan las mismas construcciones erróneas; asimismo, no todos los errores en el uso de una determinada preposición se dan en la lengua periodística. Por ejemplo, el uso de *contra* por *cuanto* es vulgar, es muy raro escuchárselo a una persona culta y más encontrarlo escrito: "*contra más me lo dice, menos caso le hago*".

2.3.4.1. «A»

La primera preposición española es índice de objeto directo de persona, este empleo se extiende de forma clara a objetos directos no personales:

"*impide que el Ejercito Federal parta **a Croacia** en dos por los montes de Papuk*".

"*El propósito del nuevo director de la Biblioteca Nacional de convertir **a la institución** en un centro de investigación [...]*" (cit. por García Yebra).

"*El apoyar **a una candidatura** contraria a la que propugnaba*" [...]

La construcción **sustantivo + a + infinitivo** es un galicismo sintáctico tolerable y tolerado cuando conserva el sentido de obligatoriedad en el futuro, lo que en castellano se puede expresar con perífrasis de obligación: **haber que, tener que** e incluso con la preposición **por**. Así, frente al manoseado "problemas a resolver" o "cuestiones a debatir", podríamos encontrar: "*los problemas que hay que resolver*", "*tenemos varias cuestiones por debatir*", etc., algo que redundaría en la mayor expresividad de la lengua periodística.

Esta construcción no debe usarse cuando aparece sin los dos matices señalados más arriba:

"*La **exposición a inaugurar** en los pabellones de [...]*" [no hay ninguna obligación].

Asimismo es galicista la construcción **sustantivo + a + sustantivo** que da origen a compuestos del tipo "plancha a vapor", "olla a presión" o "avión a reacción"; aunque todavía aparece en textos publicitarios, se advierte cierto freno en favor de la preposición *de* que es la que debe aparecer en castellano: "televisor de color".

2.3.4.2. «DE»

En el examen de esta preposición reseñaremos la viciosa construcción que ha dado origen a lo que conocemos como dequeísmo, relativamente fácil de oír, y de forma más rara también en periodismo escrito *"Teniendo en cuenta de que aún no se disponen* [dispone] *de datos totales..."*

> *"[...] nos comunican de que el paro ha sido casi total en la provincia"* (0)

> *"yo pienso de que...* (0)" [además del dequeísmo, la fórmula "yo pienso" como introductoria o de apoyo es un claro anglicismo].

> *"ya es historia en este programa de que en muchas ocasiones ofrecemos dinero"* (0, cit. por Fontanillo y Riesco).

> *"Tiene que tener en cuenta de que está usted [...]"*

La preposición *de* forma perífrasis de duda con el verbo **deber + de + infinitivo,** pero ésta se confunde muy frecuentemente con la de obligación **deber + infinitivo** y así aparece en la prensa y en mensajes publicitarios:

> *"Las relaciones Iglesia-Estado deben de ser independientes"* (cit. por García Yebra).
>
> *"...tú también debes de cuidar tu piel..."*

Las confusión de uso de la preposición *de* con otras preposiciones es relativamente frecuente; llega a convertirse en comodín, sobre todo en las crónicas deportivas en las que se habla de "ganar *de* (por) 20 puntos" (en baloncesto, es uso casi exclusivo) o de "tener aspiraciones *de* (a) mantenerse en el puesto".

2.3.4.3. «EN»

Esta preposición pertenece al grupo de las más usadas, junto con *a* y *de*; aparece en ámbitos de aplicación muy diferentes y alternando libremente con otras en bastantes ocasiones. Esto hace que su uso sea dificultoso: "me recibió en —¿con?— zapatillas", "te espero en —¿por?— la puerta". Es cierto que el hablante expresa el mismo contenido con distinto matiz, pero esto no facilita la elección o la descodificación.

Los medios de comunicación se contaminan de usos ingleses y así se escucha muy frecuentemente, " en unos minutos oiremos", "volvemos en unos minutos", "damos paso a la publicidad y volvemos en unos segundos". García Yebra previene de los peligros de este anglicismo que coincide con otra construcción española y por tanto debe censurarse con más claridad. *"Escucha-rán ustedes en diez minutos las declaraciones de* [...] "[¿dentro de o durante?], *"en unos minutos escucharemos la actualidad deportiva en la voz de nuestro..."* [¿serán sólo unos minutos los dedicados a la actualidad deportiva?]. Basten estos ejemplos para plantear el problema.

También es anglicismo la traducción de *"estar interesado en" "sentir interés en"*, que se repite en periódicos y en medios audiovisuales.

2.3.4.4. «HACIA»

Debido, quizá, también a anglicismo aparece la preposición **hacia**:

> *"los medios adoptan **hacia** [frente a] este tema una actitud..."* (0),

en lugar de **a** lo recoge García Yebra:

> *"...aun cerrando los ojos **hacia** la necesaria confianza..."*

2.3.4.5. «SOBRE»

Recogemos el uso corriente en crónicas deportivas, denunciado por Lázaro Carreter hace ya años:

> *"...se adelanta, tira **sobre** puerta..."* (0)
> *"...victoria del Breogán **sobre** el Llidia".*

Es anómalo el uso de esta preposición en las expresiones que escuchamos a locutores y comentaristas radiofónicos:

> *"son diez minutos **sobre** las doce cuando hablamos con..."* (0),

> *"quince minutos **sobre** las tres de la madrugada aquí en Argentina"* (0).

2.3.4.6. «PARA»

Tan sólo reseño el uso cada vez más frecuente en radio de esta preposición para indicar la hora: *"diez minutos para las siete"*, puede deberse a influencia inglesa mezclada con la elisión del verbo faltar: "faltan diez minutos" [...]. Es un uso anómalo que cala en el español oral en el que ya no es insólito oír: *"cinco para las ocho"*, *"seis para las nueve y en seguida hablamos..."*.

2.3.4.7. Locuciones prepositivas

El gusto por el alargamiento de la frase, que produce el uso de locuciones ya reseñado, lo encontramos de forma clara en la abundancia de locuciones prepositivas criticado por distintos autores. Señalamos como tendencia el uso anómalo, que en muchos casos supondrá incorrección, de locuciones en lugar de las preposiciones simples: **a bordo de** por **en, a través de** en lugar de **por, por medio de** con el valor de **por** y de otras sustituciones léxicas cuyo único fin parece ser el indicado de hinchamiento:

"*...mañana se corre una etapa de total intrascendencia...*"
(0) [sin trascendencia].

Para apuntar dos casos de los más denostados, habrá que seguir rechazando a pesar de su difusión y uso creciente la locución **en base a,** expresión ilógica como la llama García Yebra, presente en varios idiomas sin que se sepa muy bien cuál es su origen. Puede ser sustituida según el contexto por "apoyándose en", "basándose en", "según":

"*en base a los criterios enunciados afirmamos*" [apoyándonos o basándonos en]

"*en base a lo dicho por el Ministro de Hacienda*" [según lo dicho].

A nivel de es la otra locución que se ha colado en nuestra lengua y parece decidida a arraigar en ella a pesar de los ataques que sufre desde hace ya bastantes años. Difundida por los medios de comunicación y sentida como culta por los pedantes ha contagiado a la mayoría de los hablantes:

"*...a nivel de Ministerio de Educación la Reforma ...*"

"...existen muchas esperanzas **a nivel de** *Sindicatos..."*; podríamos multiplicar innecesariamente los ejemplos.

2.3.5. *Supresión de conectores*

La idea de que la economía y la rapidez debe presidir la lengua periodística lleva en ocasiones a que los elementos de enlace bien conjuntivos bien prepositivos se supriman:

> *"Gobierno-Sindicato, una reunión sin acritud."*
>
> *"La fusión Ceselsa-Inisel se hará efectiva a mediados de este mes."*
>
> *"Las relaciones Iglesia-Estado deben de* (sic) *ser independientes."* Con esta supresión se eliminan construcciones del tipo **de + sustantivo con + sustantivo:** "de Ceselsa con Inisel" o **de + sustantivo y + sustantivo:** "la reunión de Major y González", o se elide la preposición **entre:** "El acuerdo entre la CEOE y el Gobierno".

Este tipo de construcción se verá reforzada por la creación de compuestos que mantiene el guión de unión entre sus elementos y que también se ha convertido en un rasgo de la creatividad léxica en la prensa.

2.4. PLANO LÉXICO

Dadas las características de este trabajo, no podemos detenernos a examinar el complejo panorama que ofrece el vocabulario español tal como aparece en los medios de comunicación. Resulta imposible dar cuenta en unas pocas páginas de las múltiples peculiaridades léxicas que encontramos en las páginas de un periódico o en una emisión de radio. Como dice el profesor Llorente Maldonado de Guevara, respecto a los usos léxicos, la diferencia entre lo correcto y lo incorrecto, lo que es lícito usar y lo que hay que rechazar es muy difícil de establecer y, desde luego, variable con el tiempo, así lo comprobamos cuando después de corregir durante años determinados empleos o neologismos los encontramos sancionados en una nueva edición del diccionario académico.

En este punto, recogeré lo que de alguna forma caracteriza el léxico periodístico; se suele hablar de la abundancia de extranjerismos que en algunos casos, como el que citamos a continuación, representan un uso técnico:

> *"Bruguera lanzó su último en el tercer **set** que se adjudicó por 4-6 gracias a una ruptura en su noveno juego."*

También se critica el empleo de siglas cuya frecuencia debe moderarse:

> *"el primero sobre la crisis de **KIO** y el segundo sobre las comisiones pagadas a empresas gestionadas por socialistas en relación con las concesiones del **AVE**";*

y, por supuesto, se señalan, para regocijo de los lectores u oyentes especializados, errores, tan descabellados como el siguiente, debidos a la incultura o a la distracción, y que no dejan de ser anecdóticos:

> *"Por eso, Patxi López tendrá el honor de ser el primer navarro que consiguió **circuncidar** la Tierra en barco de vela"*

o el citado por Lázaro de la imposición de una bufanda blanca a la *esfinge* de Valle Inclán. Bien es cierto, sin embargo, que impropiedades de este tipo se difunden cuando no son tan llamativas, y llegan a implantarse entre hablantes con poca sensibilidad lingüística:

> *"estamos sufriendo una invasión vergonzante* [vergonzosa] *de artistas extranjeros..."* (0)

> *"se ha hecho un uso vergonzante de las instituciones..."* (0)

> *"no vieron la intencionalidad* [intención] *que llevaban..."* (0) y otros casos ya citados.

Creo que en la maraña de usos léxicos hay que destacar los que suponen un ataque real a la incorrección idiomática y originan además un uso injusto del lenguaje. Por esto, junto a la disposición para adoptar voces extranjeras por pereza mental, inopia léxica o simple falta de instrucción lingüística, hay que señalar el empleo de tecnicismos o de los seudocultismos que oscurecen el mensaje, dificultan la comunicación, colocando el empleo periodístico del lenguaje en camino de convertirse —como ha declarado explícitamente Lázaro Carreter y venimos enseñando desde hace años a estudiantes de Ciencias de la

Información— en un idioma especial, en una especie de sublengua particular inserta en el español común del cual se nutre, al que modifica en muchas ocasiones irreversiblemente.

2.4.1. *Voces extranjeras*

Prescindiendo de los innumerables términos foráneos empleados como tecnicismos, que precisarían de un estudio detenido, señalaré algunos de los que se han introducido en informaciones generales; son lo que podríamos llamar préstamo semántico del mismo tipo que **administración** para gobierno, **enseñante** para docente o **planta** para fábrica, asentados completamente en nuestro vocabulario.

Reseñados por distintos autores —Lázaro, Seco, Casado, Fontanillo y Riesco, Gómez Torrego (casi exhaustivamente en su libro *El buen uso de las palabras*), Hernando, etc.— están los anglicismos **agresivo** 'emprendedor' 'dinámico'; **conducir** y **conductor** en el mundo de la música con los valores de 'dirigir' y 'director', y de ahí a radio y televisión, con cierto valor de eufemismo magnificador 'presentador':

> "[...] *serás el* **conductor** *de un programa que conseguirá* [...]" (0);

> "*Actualmente* **conduce** *el espacio* «*El informe del día*», *que emite cada noche La 2*";

digital por 'numérico'; **deprimido** por 'estancado' o 'paralizado' en el mundo de la economía. En la voz **doméstico**, la Academia ha recogido la acepción de la terminología del ciclismo. Habrá que preguntarse si llegará a recogerse el anglicismo semántico que aparece en determinados ámbitos profesionales, "vuelos domésticos [nacionales]", y ya en informaciones radiadas:

> "*Y volviendo a asuntos* **domésticos** [después de dar información internacional] [...] *guardarán la sede olímpica*" (0).

Escalada por 'aumento': "*La escalada en el precio de los carburantes* [...]"; el **tópico** por 'tema' ha llegado incluso a ámbitos académicos sin que eso le haya supuesto pérdida de incorrección o de pedantería lingüística. Otros muchos acechan en las páginas de los diarios y en las emisiones de radio. Es preciso estar atento a esas intromisiones que se producen muchas veces por las malas traducciones de las agencias de prensa para no aceptarlas sin la menor precaución y por simple moda.

Junto a estos préstamos semánticos, difíciles de detectar en la mayoría de las ocasiones, encontramos voces asimiladas, más o menos adaptadas fonética o morfológicamente, no traducidas, cuya forma las delata como ajenas a nuestro sistema: **affaire, apartheid, bluff, cash flow, holding, leasing, mailing, planning, ranking, sponsor,** etc., etc.; muchas de ellas aparecieron en la publicidad o en áreas especializadas del periódico —deportes, economía, etc.— y desde ese ámbito se han difundido e incluso algunos han generado ya derivados como **esponsorización** y **esponsorizar.** En la prensa reciben variado trato gráfico, como hemos visto en el apartado correspondiente.

2.4.2. *Tecnicismos*

La presencia de voces técnicas de difícil descodificación está justificada cuando el contenido lo exige y el receptor lo permite. Quiere decir esto que el periodista tiene dos deberes difíciles de concordar respecto al uso de este tipo de voces: no puede banalizar determinados contenidos científicos o técnicos y tampoco puede abandonar una cierta labor de divulgación que permita al lector comprender el texto. No hay duda de que en una crónica de arquitectura puede aparecer:

> *"remate de antepecho con merlones embrionarios y gárgolas en cañón"*

o en unas páginas de economía se hablará de **plus valía, inflación, encaje bancario, tipos de interés,** etc. El problema está en el contagio que pueden sufrir otras informaciones que nada tienen que ver con ámbitos especializados y así se nos habla de que en la próxima semana tendremos *"temperaturas a la baja".*

Sin que traigamos ejemplos a colación, creo que debemos advertir del peligro que supone la invasión de tecnicismos en menoscabo de la lengua común; hay que señalar, respecto a esto, que es la publicidad, mucho más que el periodismo, la culpable de dicha invasión.

2.4.3. *Seudocultismos*

Prefiero hablar de **seudocultismo** para referirme a lo que Antonio Llorente llama semicultismo porque creo que en el fondo de estos fenómenos está el deseo de actuar de forma más elegante y culta alejándose de lo que se supone sea el hablar llano que cualquier hablante pueda entender. Así los problemas se convirtieron en **problemática,** el aceptar en **asumir,** el momento en **coyuntura,** el decidirse por en **decantarse por,** el tiempo y el clima en **la climatología,** el pensar o creer en **especular,** el grupo en **colectivo,** etc., etc.

Son tantos y tan variados los casos que precisarían de mucha más atención que la que les prestamos aquí. No todos han nacido en el español de los medios de comunicación, pero en él han encontrado cobijo y su mejor difusor. En todos se da una desviación de la norma que origina cambio de significado en las voces afectadas y tendencia al uso exclusivo de esa voz con olvido de las que podrían aparecer, por ejemplo: **emblemático** parece haber enterrado **representativo; decantarse por** tiene el aura intelectualoide tan del gusto de nuestra sociedad que ya parecen excesivamente triviales verbos como **elegir, preferir, decidirse por** o incluso el **optar por** que tanto gustó años atrás.

Si reflexionamos sobre estos tres rasgos del léxico periodístico, habrá que afirmar que los tres suponen un alejamiento del lenguaje llano y sencillo, lo cual contrasta con los rasgos de oralización y vulgarismo que también podrían rastrearse, con el excesivo desenfado lingüístico de muchos profesionales que tienen poco en cuenta la situación de producción de sus textos. El equilibrio entre los variados registros que debe manejar un buen periodista es difícil, pero no por ello inalcanzable.

CAPÍTULO III

VOLUNTAD DE ESTILO EN EL ESPAÑOL PERIODÍSTICO

El español periodístico ofrece una serie de rasgos que podemos considerar nacidos de la voluntad de estilo del escritor-periodista. Aunque éste, constreñido por la necesidad de informar —como afirma Lázaro Carreter—, no deba usar de las licencias permitidas a un autor literario, sí puede manejar, como cualquier otro hablante que construye textos, el sistema lingüístico que le es propio.

De alguna manera el primer imperativo sentido por el profesional es el de que sus textos se reconozcan como tales textos periodísticos y adopta para ello modos lingüísticos que no emplearía si no se sintiera inmerso precisamente en esa situación profesional. En esto se asemeja a otros profesionales que precisan de una terminología especializada; la diferencia importantísima de los profesionales de la información y de la comunicación con otros está en que los periodistas, los informadores o comunicadores de cualquier medio, emplean no sólo un vocabulario particular sino una sintaxis peculiar. Lo ha señalado Lázaro Carreter y lo podemos ver en los ejemplos siguientes:

> *"Un remate a puerta vacía en el minuto 26, una gran jugada individual regateando a dos contrarios en la frontal del área en el 43 y un disparo cruzado un minuto más tarde hicieron rugir a un Camp Nou totalmente volcado con su equipo"* [Sujeto múltiple de aparición muy frecuente y personificación de **Camp Nou** con la preposición **a**].

> *"Trato preferente de la CE al aeropuerto de Gando. Tarifas más baratas y mejor servicio con la liberalización del tráfico aéreo"* [Ausencia de formas verbales, frecuente en los titulares].

"Un vagón de un tren de mercancías que transportaba naranjas y cuyo destino era Francia, descarriló en la mañana de ayer cerca de la estación de la localidad gerundense de Vilamalla, sin que se produjeran heridos.

Según informaron fuentes de la compañía Renfe, el suceso se produjo sobre las seis de la mañana, por causas que a la hora de redactar esta información aún se desconocían, cuando un vagón se salió de la vía y provocó importantes desperfectos en la catenaria" [Organización del texto absolutamente tradicional: en el primer párrafo el sujeto complejo con dos proposiciones adjetivas coordinadas y tras el núcleo verbal tres complementos circunstanciales que nos dicen el **cuándo**, el **dónde** y el **cómo** de la acción principal; el segundo párrafo amplía el primero comenzando por la fórmula preposicional que explicita la fuente de la información].

Esta sintaxis peculiar, que encierra errores como hemos visto en el capítulo anterior, aparece en distinta medida no sólo en los diferentes medios sino también en los diversos textos. Lázaro Carreter abogaba por una economía expresiva rigurosa en los textos producidos en las agencias de noticias, pero reconocía la mayor libertad de estilo que podían ejercer los profesionales en otros medios.

3.1. CREATIVIDAD LÉXICA

La creatividad léxica del periodista se mueve entre la necesidad que daría origen a voces denominativas y el afán expresivo más ligado a la neología estilística. Aun sin ánimo de censura hay que decir que muchas veces se tiñe de necesidad o de afán expresivo el simple desconocimiento del vocabulario español. Habrá que distinguir en el análisis de las páginas de un periódico el hallazgo léxico de columnistas que son auténticos escritores-creadores de lo que se emplea por desconocimiento de la voz precisa.

Entre las voces que se crean por desconocimiento pueden rastrearse ciertas preferencias del español periodístico: es de destacar el gusto por el alargamiento de la palabra; y así, si puede decir **concretizar**, el periodista no elegirá la forma más sencilla **concretar**; preferirá **conceptualización** a **conceptuación**,

concertación a **concierto**, **ejemplarizador** a **ejemplar**, **intencionalidad** a **intención**, **potencializar** a **potenciar**, etc., etc. En este movimiento léxico debe señalarse la tendencia a emplear sufijos que se relacionan más claramente con el ámbito de los sustantivos abstractos que son quizá los de más abundante creación: **agasajamiento, agudizamiento, alineamiento, comparecimiento,** etc.; el periodista parece buscar palabras transparentes que siente más motivadas y con las que le resulta más fácil establecer relaciones asociativas por la forma.

3.1.1. *Prefijación y sufijación*

Se acude frecuentemente a la prefijación con prefijos o raíces prefijas: **anti-** (**antiabertzale, antiautovía, antibelicista, antidoping, antinarcotráfico, antinuclear, antiSIDA** (sic), **antitodo**); **co-** (**codecisión, coparticipación, corresponsabilidad**); **des-**; **dis-** (**desconvocar, desdramatizar, desfavorecidos, deslegalizar, discapacitados, disfunción**); algunas de las creaciones con este prefijo se deben a deseo eufemístico: "niños discapacitados", "pueblos más desfavorecidos".

En esa prefijación negativa, hay que reseñar el esquema **no +** **+ sustantivo** o **no + adjetivo**. Este esquema choca con los hábitos de la negación en español que es preferentemente verbal. Aunque podamos encontrar casos en la historia de nuestra lengua de este tipo (la *no justicia* o lo *no digno* en textos medievales) o en ámbitos especializados (el *no ser* o el *no valor* filosóficos, debidos, quizá, a influencia alemana) no hay duda de que los ejemplos que han pasado a la lengua común se deben a la lengua periodística de las agencias de noticias. Así, encontramos **no agresión, no proliferación, no violencia, "países no alineados", no restricción**, etc.

Raíces prefijas, tradicionales o no, se han visto privilegiadas en los medios de comunicación: **auto-** (**autocrítica, autodefensa, autodefinirse, autoestop, autoestopista** —frente a las grafías recomendadas *autostop* y *autostopista*—, **autofinanciación),** la serie de creaciones con esta raíz crece al confluir los dos valores, el primitivo, 'por sí mismo', y el aparecido por corte de la palabra **automóvil**, 'relativo al automóvil': (**autoescuela**); **euro-** (**eurocard, eurocomunismo, euroconfort, euroderecha, eurodiputado, euromercado, europrecios**) muchas de estas creaciones están ligadas al mundo de la publicidad, han aumentado, evidentemente, por las estrechas relaciones con el resto de Europa.

Mini- (minicielo, miniChernobil, miniasesinos); **tele-** (telepredicador, televicio, teletexto); **video-** (videoclip, videoclub, videoteca), **supra-** (saupranacionalismo, supramercados) y sobre todo **super-** (superestrella, supernoche, superprograma) son otros de los elementos prefijos de los que sin esfuerzo pueden rastrearse nuevas voces en las páginas de los diarios o en las emisiones de radio y televisión, muchas de ellas meras creaciones efímeras que demuestran, sin embargo, la vitalidad y disponibilidad de los afijos.

En la sufijación destacaremos, además del sufijo **-miento** ya ejemplificado, el sufijo **-ción** empleado igualmente para la formación de abstractos: **balcanización, baremación, bonsaización, derechización, comarcalización, precarización**, etc. Los sufijos **-ero** e **-ista** presentan gran vitalidad en el español actual aunque su reparto en los distintos registros y niveles sea diferente; así **-ero** tiene cierto matiz de lengua juvenil y en ocasiones jergal: **binguero** 'aficionado al bingo', **bricolero** 'persona dedicada al bricolaje **'grafittero'**, 'pintor de grafittis', **fotero** 'fotógrafo', **porrero** 'fumador de porros'; **-ista** parece haberse especializado con el contenido de 'seguidor de' o 'aficionado a', ligado en muchos casos a formaciones en **-ismo (catastrofismo/catastrofista, centrismo/centrista, felipismo/felipista, golpismo/golpista, keynesismo/keynesista, neorrealismo/neorrealista, peneuvismo/peneuvista, populismo/populista);** los ámbitos en los que aparece son muy variados, desde la crónica política a la crítica artística, y asimismo las bases a las que se unen son diversas: nombres propios (**Keynes o Felipe**), nombres comunes (**catástrofe**) o siglas (**P.N.V.**).

Las páginas culturales ofrecen abundantes formaciones adjetivas: (**kafkiano, mironiano, felliniano, almodovariano**, todas relacionadas con apellidos de autores de distintas artes); también creaciones con los sufijos **-ista** o **-ística: (ingenuista, dibujística).**

La formación verbal en la lengua periodística aparece menos rica; se registran creaciones en **-ear, -uar (puentear, consensuar);** más en **-izar,** formaciones factitivas de gran interés (**argentinizar, balcanizar, dinamizar, concretizar, federalizar, occidentalizar, politizar, ulsterizar).**

3.1.2. *Composición*

El esquema más frecuente sigue siendo el de **sustantivo + + sustantivo** en aposición con señalamiento gráfico o sin él, con guión cuando se siente creación neológica no instalada en el vocabulario (**almuerzo-coloquio, asamblea-concentración, carteles-croquis, danza-energía, edificación-vivienda, zanja-cimiento**). Claramente expresivos son algunos de tres sustantivos (**amiga- secretaria-camarada, profesora-manipuladora-directora, manantial-depósito-molino**) o algunos casos empleados por columnistas:

> "...*la información es recurso/capital/mercancía/dinero en circulación/materia prima/poder*".

Los compuestos no presentan guión cuando ya están más o menos asentados en el vocabulario (**concurso oposición, hora punta, piso piloto, viaje relámpago**). Tan sólo con la presentación de estos ejemplos nos damos cuenta de la importancia que tiene este procedimiento en la lengua periodística. Tendríamos que examinar el problema de la adquisición de morfema de número, muy relacionado con el grado de cohesión del compuesto. También es interesante dar cuenta de los variados contenidos que esta estructura apositiva puede expresar; a este propósito, hay que señalar el sentido figurado en que se puede tomar el segundo elemento del compuesto; esta característica nos permitiría distinguir casos como **concurso oposición** o **papel moneda** frente a **ley mordaza** o **televisión basura**.

El esquema **adjetivo + adjetivo** lo encontramos con el significado resultante de una especie de suma del de los dos contenidos presentes en el esquema (política **cultural-científica**, centro **histórico-artístico**, encuentro **lúdico-deportivo**, viaje **turístico-cinegético**).

3.1.3. *Otros procedimientos*

Como contagio de la lengua popular se emplean formaciones producidas por **corte** (**narco** 'narcotraficante', **porno** 'pornográfico'). Algunas están dentro de terminologías especiales (**crono**, 'cronometro', **corto**, 'cortometrajes') y aparecen en las secciones propias: deporte, cine, etc.

Mucho más importante es la aparición de **siglas** en el lenguaje periodístico; a veces el mensaje puede ser incomprensible ya que algunas tienen diferente descodificación: **C.A.M.** (*Caja de Ahorros del Mediterráneo, Comunidad Autónoma de Madrid*) y es el contexto el que decide el significado; **O.M.** (*Orden Ministerial y Onda Media*), **UDF** (*Unión Demócrata Foral y Unión para la Demo-*

cracia Francesa), **INEM** *(Instituto Nacional de Enseñanza Media* que coincide con el **sigloide** del *Instituto Nacional del Empleo)*. Se recomienda que el uso de siglas no sea excesivo en un texto, que no se empleen sino las conocidas y de alguna manera asentadas en el empleo común y que no se creen si no son necesarias.

Desde el punto de vista de la creatividad léxica ofrecen interés las formaciones a partir de siglas, es decir, la posibilidad de que éstas se conviertan en base derivativa indica su instalación en el vocabulario: **elepé** de L.P., **peneuvista** de P.N.V., **etarra** de E.T.A. con un sufijo eusquera; su uso es posible como adjetivo o como sustantivo: *"en círculos peneuvistas..."*, *"detención de un etarra"*.

3.2. EMPLEOS RETÓRICOS

Puede decirse que todo lo visto en este trabajo resulta del empleo retórico de la lengua. Conviene recordar, una vez más, la distinción que hacemos en la introducción entre **uso** y **empleo** de un sistema lingüístico, y cómo gracias al segundo el informador crea significación y ha de cumplir correcta y justamente con su deber profesional.

Hay, sin embargo, algunos recursos lingüísticos que se identifican más perceptiblemente con la retórica. Tan sólo quiero señalar algunos ejemplos, más como indicación de lo mucho que en este campo pueden hacer los profesores que como descripción de procedimientos retóricos presentes en el lenguaje periodístico.

"Reunión de la **cúpula** episcopal", "En la **cúpula** del Ministerio no se contempla esa posibilidad", "Está representado todo el **arco** parlamentario". Pueden ser considerados usos metafóricos, el primer caso ya recogido por la Academia; 'reunión de altos jefes' en el primer caso, 'distintos partidos representados en el Parlamento' en el segundo. El frecuente empleo de éstos —como de otros muchos— les hace perder la expresividad que pudieran tener en sus primeras apariciones; por tanto un buen periodista debe manejarlas con cuidado y acudir a construcciones más propias:

> *"Andreotti, como se sabe, representa un gobierno con mayoría parlamentaria, **cuyo oxígeno** a largo y corto plazo depende del Consejo Nacional de la Democracia Cristiana."*

*"La Comunidad Económica Europea, presa de su propia crisis económico-política, **ha preferido pasar la pelota, sin jugarla.**"*

Resultan muy frecuentes las metonimias sobre todo en titulares de gran riqueza expresiva:

"Extraditado el cerebro del fraude del IVA."

Las descripción de personas o cosas se puede hacer retóricamente gracias a definiciones en aposición:

"Irene Villa, la niña que nunca perdió la sonrisa": se hace una presentación de forma que al lector se le haga evidente lo más característico de esa persona, cosa o hecho.

No debe olvidarse la presencia del eufemismo en el lenguaje periodístico. La voluntad eufemística —y la comodidad— ha hecho crecer una de las formaciones que veíamos como prefijación negativa: se habla de **no admitidos** para evitar **excluidos,** de **no aceptación** frente a **rechazo.** El eufemismo hizo que durante mucho tiempo la información sobre terrorismo hablara de **ejecuciones** o de **artefactos** cuando había **asesinatos** y **bombas** o que se hable de **irregularidades** para aliviar lo que en la palabra **robo** pueda molestar. Es, como se ve, un amplio tema, conectado directamente con la manipulación lingüística, en el que no podemos entrar.

Por último la maximización de adjetivos y adverbios, señalada por Lázaro Carreter, es un recurso retórico muy frecuente que da tono hiperbólico a los textos:

*"El aumento incesante del coste de la vida es **uno de los temas más persistentes** del momento y **uno de los factores que más descontento** causa a la extrema izquierda laborista, la cual está en **completo desacuerdo** con la estrategia económica..."*

Evidentemente, quedan muchos procedimientos retóricos que podríamos ejemplificar en los textos periodísticos. Con este somero repaso hemos pretendido dar una pista para posteriores análisis e invitar a los profesores de Lengua Española a que elijan también muestras del lenguaje periodístico en su tarea de educar lingüísticamente a los que, influidos por él, no alcanzan a distinguir las luces de las sombras.

EJERCICIOS

I. Corrija los siguientes textos:

1. "En la IV Asamblea de la FECAM se decidió, por unanimidad, solicitar del Ministerio de Economía y Hacienda, que en base al principio de coste de insularidad, a los municipios canarios se les otorgue un nivel de participación del 100% a los recursos que, proviniendo del Capítulo II del estado de ingresos de los Presupuestos Generales del Estado, financian el fondo Nacional de Cooperación Municipal."

2. "Pese a que desde que existe en este lugar un alquiler diario de motos acuáticas y que los vecinos se mostraban descontentos por el ruido, la playa que restan a los bañistas y la inseguridad para los bañistas, el campeonato se desarrolló sin dificultades."

3. Por otra parte, policía Isidro Villalibre, herido en el atentado perpetrado el domingo en Santurce, ha sido trasladado desde el hospital de Cruces a un centro sanitario de La Coruña, donde vive su esposa, embarazada de siete meses, y con hijos. Allí continuará siendo tratado de traumatismo craneal, fractura de cúbito derecho y contusión y herida en el tobillo derecho."

4. "Por último, sólo advertirles, tal como informamos en este número, que, como siempre, ninguno de los errores en la programación es imputable a nuestra Redacción."

II. Corrija los usos anómalos de puntuación:

1. "Después del 2-1 la relajación y el conformismo se apoderaron del equipo isleño y el Deportivo logró empatar."

2. "La exposición «De Pablo a Jacqueline», que podrá verse a partir de hoy en el Museo Picasso de Barcelona presenta 141 obras de la última etapa creativa de Picasso."

3. "Salvo sorpresas, el flamante propietario de un Rolls Royce, Diego Maradona tampoco jugará frente al Inter."

4. "Carrillo, defendió la posibilidad de alargar el plazo."

III. Indique los errores de los siguientes textos:

1. "Al cierre de esta edición, no se produjo ninguna incursión iraquí en el norte de Kuwait y la situación permanecía en calma en la frontera entre los dos países, según informaron ..."

2. "Poco después de la concentración, acudieron a las inmediaciones a la vez que un helicóptero sobrevuela permanentemente la prisión."

3. "Cossiga, enfadado, prefirió sólo desear un Feliz año, aunque hizo saber que, en otra ocasión más apropiada, os haré conocer mi pensamiento."

4. "... José Luis Rodríguez Agulló, director del Gabinete del ministro de Sanidad y Consumo, dijo telefónicamente a la agencia «EFE» que «desmiente la noticia en todos sus extremos»."

5. "Con el objeto de conocer en profundidad las labores propias de este barco, nuestro periódico acudimos a bordo para entrevistar a su capitán Yousuke Matsumoto, sirviendo como intérprete la señorita Toyko, que amablemente accede a esta labor."

6. "Hay que poner en cuarentena la versión de Santiago Corella, «El Nani», que ha hecho Valentín Ochoa, ex confidente policial."

7. "Hoy, y dado el carácter que debe tratarse, es menester que el pleno estuviera completo."

8. "En el rastro se vendieron desde juguetes, ropas, flores, etc., donadas por particulares y establecimientos comerciales de la ciudad."

9. "... implicar en la corrupción al liberal ministro conservador." (0)

10. "Diana envió un mensaje de felicitación a su cuñada, la Princesa Ana, en indicación de que no asistirá hoy a la boda [...]"

11. "... más de 100 mujeres se encadenaron en favor con los trabajadores de [...]" (0)

IV. Señale lo que le permite adscribir los siguientes textos a la lengua periodística (Pueden ser rasgos morfosintácticos o léxicos que impliquen error o no):

1. "El nuevo compromiso exigiría inventar una coalición que permitiera al centro una colaboración constructiva, colocando a la derecha gaullista en oposición leal y de vez en cuando desmelenada. Y cuando el señor Miterrand y sus amigos, con los dientes limados por el poder y la voz ronca por la marsellesa, decidieran al fin conciliar el socialismo democrático con la sociedad liberal avanzada que, al fin y al cabo, no se encuentran en las antípodas, sólo los comunistas rechinarían de dientes, como la iconografía política contemporánea nos tiene acostumbrados."

2. "Un remate a puerta vacía en el minuto 26, una gran jugada individual regateando a dos contrarios en la frontal del área en el 43 y un disparo cruzado un minuto más tarde hicieron rugir a un Camp Nou totalmente volcado con su equipo."

3. "Isabel Tocino, que compareció ante los medios informativos junto al responsable de Asuntos Internacionales del PP, Marcelino Oreja, sí se pronunció, de forma contundente, sobre el documento hecho público la pasada semana por la Conferencia Episcopal."

4. "El acuerdo, que será oficial una vez asumido por el Consejo de Gobierno, presidido por el socialista Pedro de Silva, a quien será elevado mañana por el Consejero de Economía, Hacienda y Planificación, Vicente Sánchez, aumenta el endeudamiento en 2.500 millones de pesetas, desde los 8.000 propuestos en el anteproyecto del Consejo de Gobierno, hasta los 10.500 asumidos finalmente."

5. "Señalar igualmente que se ha establecido un plazo de cuatro meses para la entrega de la memoria que cada aspirante debe presentar. La solicitud de acceso tiene un periodo de un mes, a partir de la publicación de la convocatoria. Y recordar que no se trata de un examen, sino de un concurso de méritos."

6. "El segundo y definitivo set fue más disputado, pues Romero llegó a estar 4-3 perdiendo, con servicio en poder del ganador en el octavo game, disfrutando Arrese de 40-0, que remontó hasta el 40-30 Romero. Pero ahí se quedó, y el marcador señalaba un 5-3. Aprovecha su servicio Nicolás Romero, que tras un *deuce* termina ganando y dejando el 5-4 con descanso. Sirve Arrese en el décimo juego que parece va a terminar en blanco para el olímpico, pero el penúltimo punto se lo adjudica Romero, que termina cediendo."

7. "La flexibilización de plantilla que se está acometiendo obedece a la actual reducción de la producción a consecuencia de la constante renovación del sector."

V. En los siguientes textos hay muestras de oralización. Coméntelas.

1. "[las acciones] Las habían adquirido por cuatro cuartos cuando estas sociedades se encontraban en situación de insolvencia [...] percibieron cada uno cerca de mil millones de plus valía limpia de polvo y paja."

2. "El nombre del ganador se había anunciado a bombo y platillo, el del finalista estaba menos claro, pero antes de que diese comienzo la tradicional cena se paseaban ambos por

los pasillos del Princesa Sofía [...] Sólo sonreían ante la avalancha de flashes, mucho más, por cierto, Sánchez Dragó que Gala. Que el dramaturgo daba la sensación de estar deseando que todo acabase cuanto antes. En esta edición del Planeta no ha habido sorpresas, la verdad."

3. "Los que van a parar a la puñetera calle lo que quieren es guarecerse, con lo que está cayendo, y no esperar a que sindicatos y empresarios gestionen el sistema de prestaciones de desempleo."

4. "Dicen que don Felipe González, por ejemplo, está soñando desde hace algún tiempo en tocar retirada y en el reposo del guerrero, la molicie, la dulce y nostálgica decadencia, qué descansada vida, Yuste y todo eso. Tratándose de una retirada de don Felipe González sólo se puede pensar en Yuste o por ahí. Qué menos, morenos..."

VI. En los siguientes textos hay muestras de literalización. Coméntelas.

1. "Giscard ya tiene afilada el arma con la que en última instancia destrozaría a los gaullistas [...] El cuchillo vengador no sería otro que el sistema electoral proporcional."

2. "El territorio purgativo de la noche se anuncia desde el primer poema de este libro y ya no lo abandona hasta el final. Esta ascesis metódica no es ninguna vía para ingresar, limpio de culpa y sufrimiento, en el paraíso de la luz."

3. "Se levanta de la bicicleta para impulsar su máquina, cuando desaparece el sol. Las sombras de una nube perdida en esta inmensa llanura cubren el trayecto. Es un respiro. Vuelve a levantarse para subir un repecho. La bajada le permite ver un espejismo en la carretera. Hierve el asfalto."

SOLUCIONES A LOS EJERCICIOS

El aprovechamiento de estos ejercicios está en hacerlos bajo la dirección del profesor o en equipo porque se trata más de comentar y reescribir los textos que de quitar o poner determinadas palabras o construcciones. Apuntaré en cada caso algunas de las pistas que pueden seguirse en esa reescritura.

I

1. "En la IV Asamblea [...], que *basándose en* [trabájese desechando muletillas, búsquense varias posibilidades para el *"en base a"*] el principio [...] se les otorgue a los municipios canarios un nivel [...] *en* los recursos que, *provinientes* del *capítulo segundo* [...] financian el *Fondo Nacional de Cooperación Municipal.*"
[si se le considera denominación de un determinado organismo, nombre propio, lo que de ningun modo puede admitirse es *fondo Nacional*]

2. Ejemplo de posposición de la oración principal: *"el campeonato se desarrolló sin dificultad..."*; si se hubiera colocado en el orden habitual hubiera ayudado al redactor a escribir el texto con más claridad. La coordinación copulativa muestra tan sólo el deseo de enumerar las varias circunstancias. Corregir el uso de *restar*.

3. Corregir la ausencia de artículo: *el* policía. Mejórese "donde vive su esposa, embarazada de siete meses, y con hijos"; puede alterarse el orden e introducir otros cambios.

4. Uso incorrecto del infinitivo *advertirles*.

II

1. El complemento circunstancial anticipado debe separarse con coma.

2. La proposición adjetiva es explicativa, debe ir entre comas.

3. *Diego Maradona* es aposición, por tanto debe ir entre comas.

4. No se puede separar el sujeto del verbo.

III

1. Corregir las formas verbales: "Al cierre de esta edición, no se *había producido* [...], según *han informado* o *informan*."

2. Simultaneidad de dos acciones en el pasado, mejor *"acudieron [...] sobrevolaba"*.

3. Mezcla incorrecta de estilo directo e indirecto. Debe elegirse entre: *"Cossiga, enfadado, prefirió sólo desear un Feliz año, aunque hizo saber que en otra ocasión más apropiada haría conocer su pensamiento"* o bien el directo: *"[...] aunque hizo saber «en otra ocasión más apropiada haré conocer mi pensamiento»*.

4. Igual caso que el anterior, o bien: *"dijo telefónicamente a la agencia «EFE» que desmentía..."* o *"dijo [...] «desmiento...»"*. El nombre de la agencia no tiene que ir entrecomillado.

5. Uso del cliché *"en profundidad"*; propónganse otras expresiones. Incorrección debida al deseo de presencia del redactor: "nuestro periódico acudimos [3ª persona del sing. con 1ª de plural, debe ser *acudió*] a bordo para entrevistar a su capitán Yousuke Matsumoto, sirviendo [mejor *sirvió*, y aquí podría intervenir el redactor, *nos sirvió*] como intérprete la señorita Toyko, que amablemente accede [no se recomienda el presente, es una acción puntual, mejor *accedió*] a esta labor".

6. "el Nani" es una aposición explicativa; debe ir entre comas.

7. *"que el pleno esté "* y no *"estuviera"*.

8. No es necesaria la preposición *desde*.

9. Corríjase la posición del adjetivo *liberal*.

10. Uso incorrecto de la preposición *en*; puede aparecer *con la* o un gerundio que evitaría la cacofónica proximidad de *felicitación* e *indicación*.

11. Error preposicional posiblemente debido al cruce de construcciones parecidas, p. ej., "en solidaridad con", dígase *en favor de*.

IV

Los siguientes textos pueden servir de texto de apoyo para comentario. Yo no lo hago de forma exhaustiva, tan sólo apunto algunas cuestiones.

1. Abundancia de formas verbales hipotéticas. Léxico político: *coalición, socialismo democrático, comunistas,* etc.; creaciones: *colaboración constructiva, oposición leal, derecha gaullista.* Género femenino para el masculino *antípodas.*

2. Sujeto múltiple que consigue gradación enfática en el texto hasta llegar al expresivo *rugir* con personificación de *Camp Nou* más el adverbio *totalmente.*

3 y 4. Es muy frecuente la complejidad sintagmática que retarda la comunicación. Se produce por la acumulación de aposiciones o de proposiciones adjetivas. En casos como el n.° 4 debería preferirse la composición de oraciones.

5. Uso de infinitivos incorrecto y peculiar del español periodístico.

6. La acumulación de incorrecciones sintácticas adobadas con tecnicismos deportivos es tal, que sólo una persona cuyo oficio sea escribir sin reflexión lingüística puede producir este texto. Véase el uso de las formas verbales que provoca el deseo de narrar en presente con la creencia de que esto acerca más la acción, la ausencia de preposiciones que quizás justifiquen como tecnicismo, etc., etc. Es un reto la comprensión y la corrección del texto.

7. Eufemismo mediante larga perífrasis que comienza con una ya lexicalizada: *flexibilización de plantilla* por *despido.*

V

1. Expresiones léxicas propias de lo coloquial: *"cuatro cuartos", "limpias de polvo y paja".*

2. Intercalación de fórmulas de apoyo conversacionales: *"mucho más, por cierto".* Comienzo oracional con *que* expletivo. Cierre de párrafo con expresión oral: *"la verdad".* Expresión léxica coloquial: *"a bombo y platillo".*

3. Coloquialismos léxicos: *puñetera calle*, ponderación en la fórmula metáforica *"con lo que está cayendo"*.

4. Empleo del neutro coloquial para cerrar una enumeración: *" y todo eso"*. El final es una expresión popular: *"Qué menos, morenos"*.

El autor, columnista, juega con evocaciones culturales: Yuste y el Emperador Carlos, los conocidos versos, "Qué descansada vida...", etc.

VI

1. Uso metafórico de términos con cierto significado bélico.

2. Todo el léxico pertenece al nivel culto; algunas agrupaciones lo son especialmente: *"territorio purgativo de la noche"*, *"ascesis metódica"*.

3. Ejemplo claro de literarización: Formas verbales del presente para la narración, gradación épica, descripción del paisaje y en ese paisaje un héroe: un ciclista.

BIBLIOGRAFÍA

ABC: *Libro de estilo de ABC* (Prólogo de F. Lázaro Carreter), Barcelona, 1993.

AGENCIA EFE: *Manual de español urgente*, Madrid, 6.ª ed., 1989.

ALCOBA RUEDA, S.: "Muestras de inestabilidad sintáctica en el discurso de la aldea McLuhan", en VV. AA.: *El lenguaje en los medios de comunicación*, Zaragoza, 1990, págs. 73-110.

AYALA, F.: *La retórica del Periodismo*, Discurso de ingreso en la Real Academia Española. Madrid, 1984.

BECCARIA, G. L.: *I linguaggi settoriali in Italia*, Milano, 1973.

CASADO VELARDE, M.: *Lengua e ideología. Estudio de "Diario Libre"*, Pamplona, 1979.

— *El castellano actual: usos y normas*, Pamplona, 1988.

— "Notas sobre el léxico periodístico de hoy", en VV. AA.: *El lenguaje en los medios de comunicación*, Zaragoza, 1990, págs. 49-72.

— *Aspectos del lenguaje en los medios de comunicación social*, La Coruña, 1992.

FONTANILLO, E. y RIESCO, M. I.: *Teleperversión de la lengua*, Barcelona, 1990.

GARCÍA YEBRA, V.: *Claudicación en el uso de preposiciones*, Madrid, 1988.

GÓMEZ TORREGO, L.: *Manual del español correcto*, Madrid, 1989.

— *El buen uso de las palabras*, Madrid, 1992.

HERNANDO, B.: *El lenguaje de la prensa*, Madrid, 1990.

LANG, M.: *Formación de palabras en español (Morfología derivativa productiva en el léxico moderno)*, Madrid, 1992.

LÁZARO CARRETER, F.: "El lenguaje periodístico entre el literario, el administrativo y el vulgar", en VV. AA.: *Lenguaje en periodismo escrito*, Madrid, 1977.

— "El idioma del periodismo, ¿lengua especial?", en García Domínguez, P., y Gómez Font, A. (comp.), *El idioma español en las agencias de prensa*, Madrid, 1990, págs. 23-44

LLORENTE MALDONADO DE GUEVARA, A.: "Desviaciones de la norma léxica del español: Barbarismos, vulgarismos, semicultismos y otras incorrecciones", en *Actas de las II Jornadas de Metodología y Didáctica de la Lengua y Literatura Españolas*, Universidad de Extremadura, 1991, págs. 71-99.

MARTÍN ZORRAQUINO, M. A.: "Ortografía y prensa española actual: avisos de ortografía para periodistas", en VV. AA.: *El lenguaje en los medios de comunicación*, Zaragoza, 1990, págs. 9-48.

NEWMAN, E: "La responsabilidad del periodista", en SCHMUHL, R.: *Las responsabilidades del periodismo*, Barcelona, 1984, pág. 35-52.

PRATT, Ch.: *El anglicismo en el español peninsular contemporáneo*, Madrid, 1980.

ROMERO GUALDA, M. V.: "Periodismo y conducta: análisis lingüístico", en *Nuestro Tiempo*, Pamplona, n.° 292, 1978, págs. 63-70.

—   "Aspectos sociolingüísticos de la derivación con *-ero* e *-ista*", en *Cuadernos de Investigación Filológica*, Logroño, VII, l981, págs 15-22.

—   "Información veraz y manipulación discursiva", en *Información y Derechos Humanos*, Pamplona, 1987, págs. 147-151.

—   "Rasgos morfosintácticos de la prensa americana", en *Actas del III Congreso Internacional de El español de América*, Valladolid, 1991, págs. 541-551.

SECO, M.: "El léxico de hoy", en Lapesa, R. (coord.), *Comunicación y lenguaje*, Barcelona, 1976, págs. 181-203.

—   "El lenguaje del área cultural", en VV. AA.: *Cultura en periodismo*, Madrid, 1979, págs. 75-90.

—   "Los periodistas ante el idioma", en VV. AA.: *El lenguaje en los medios de comunicación*, Zaragoza, 1990, págs. 139-166.

SPANG, K.: *Fundamentos de retórica*, Pamplona, 1991, 3.ª ed.

CUADERNOS DE
Lengua Española
Dirección: L. Gómez Torrego